MEDITAÇÃO

Técnicas De Meditação Para Melhor Sono

(Alcançar Espiritualidade E Paz)

Alojzy Król

Traduzido por Daniel Heath

Alojzy Król

Meditação: Técnicas De Meditação Para Melhor Sono

(Alcançar Espiritualidade E Paz)

ISBN

Termos e Condições

De modo nenhum é permitido reproduzir, duplicar ou até mesmo transmitir qualquer parte deste documento em meios eletrônicos ou impressos. A gravação desta publicação é estritamente proibida e qualquer armazenamento deste documento não é permitido, a menos que haja permissão por escrito do editor. Todos os direitos são reservados.

As informações fornecidas neste documento são declaradas verdadeiras e consistentes, na medida em que qualquer responsabilidade, em termos de desatenção ou de outra forma, por qualquer uso ou abuso de quaisquer políticas, processos ou instruções contidas, é de responsabilidade exclusiva e pessoal do leitor destinatário. Sob nenhuma circunstância qualquer, responsabilidade legal ou culpa será imposta ao editor por qualquer reparação, dano ou perda monetária devida às informações aqui contidas, direta ou indiretamente. Os respectivos autores são proprietários de todos os direitos autorais não detidos pelo editor.

Aviso Legal:

Este livro é protegido por direitos autorais. Ele é designado exclusivamente para uso pessoal. Você não pode alterar, distribuir, vender, usar, citar ou parafrasear qualquer parte ou o conteúdo deste ebook sem o consentimento do autor ou proprietário dos direitos autorais. Ações legais poderão ser tomadas caso isso seja violado.

Termos de Responsabilidade:

Observe também que as informações contidas neste documento são apenas para fins educacionais e de entretenimento. Todo esforço foi feito para fornecer informações completas precisas, atualizadas e confiáveis. Nenhuma garantia de qualquer tipo é expressa ou mesmo implícita. Os leitores reconhecem que o autor não está envolvido na prestação de aconselhamento jurídico, financeiro, médico ou profissional.

Ao ler este documento, o leitor concorda que sob nenhuma circunstância somos responsáveis por quaisquer perdas, diretas ou indiretas, que venham a ocorrer como resultado do uso de informações contidas neste documento, incluindo, mas não limitado a, erros, omissões, ou imprecisões.

Índice

PARTE 1 1

INTRODUÇÃO 2

BENEFÍCIOS DA MEDITAÇÃO 3

CHAKRA DA COROA (VIOLETA EM COR) 5
SEXTO OU CHAKRA DO TERCEIRO OLHO (ÍNDIGO EM COR) .. 6
QUINTO CHAKRA OU CHAKRA AZUL SAFIRA (AZUL EM COR) 6
QUARTO CHAKRA OU CHAKRA DO CORAÇÃO (VERDE EM COR) 8
TERCEIRO CHAKRA OU CHAKRA DO PLEXO SOLAR (AMARELO EM COR) 9
CHAKRA SAGRADO (LARANJA EM COR) 10
CHAKRA DA RAIZ (VERMELHO EM COR) 11

COMO MEDITAR APROPRIADAMENTE EM 5 PASSOS SIMPLES? 12

PASSO1: ENCONTRE UM LOCAL IDEAL E TEMPO PARA SUA MEDITAÇÃO 13
PASSO 2: ESCOLHENDO A POSTURA IDEAL 15

USANDO BANCOS E CADEIRAS 17

PASSO 3: SINTONIZE O ESTADO DA SUA MENTE ... 18
EXERCÍCIO PARA DESENVOLVER BOA VONTADE E EQUANIMIDADE 22
PASSO 4: FOCANDO NA RESPIRAÇÃO 23
PASSO 5: COMO ATINGIR UM NÍVEL SUPERIOR DE MEDITAÇÃO 26

DIFERENTES FORMAS DE MEDITAÇÃO E SEUS BENEFÍCIOS 28

MEDITAÇÃO DE CURA ENERGÉTICA 29
MANTRA UNIVERSAL DE MEDITAÇÃO 30

CONCLUSÃO 34

PARTE 2 36

INTRODUÇÃO 37

CAPÍTULO UM - SUA RESPOSTA PESSOAL AO ESTRESSE 44

REAÇÃO DE LUTA 47
REAÇÃO DE FUGA 48
REAÇÃO DE PARALISIA 48

CAPÍTULO DOIS – RESPIRANDO FUNDO 50

RESPIRAÇÃO PROFUNDA 54
CONTE ENQUANTO RESPIRA 57
CONTROLE DA RESPIRAÇÃO EM SITUAÇÕES DE ESTRESSE . 58
EXERCÍCIOS DE RESPIRAÇÃO PARA A MANHÃ 58
RESPIRAÇÃO COM ALTERNÂNCIA DE NARINAS 59
ESVAZIANDO A MENTE 60

CAPÍTULO TRÊS - ALIVIANDO TENSÕES MUSCULARES 63

RELAXAMENTO AUTÓGENO 64
RELAXAMENTO MUSCULAR PROGRESSIVO 67

CAPÍTULO QUATRO - FOCANDO NO PRESENTECHAPTER ... 71

MEDITAÇÃO COM MINDFULNESS - ATENÇÃO PLENA 72
SURFANDO NAS SUAS EMOÇÕES 75
MEDITAÇÃO COM FOCO EM SONS, IMAGENS E
VISUALIZAÇÕES. 79
MEDITAÇÃO COM NATUREZA 79
MEDITAÇÃO COM VISUALIZAÇÃO 80

CAPÍTULO CINCO – TÉCNICAS DE MEDITAÇÃO GUIADA ... 82

MEDITAÇÃO DE AFIRMAÇÃO 83
MEDITAÇÃO E ONDAS CEREBRAIS 85
MEDITAÇÃO DE ESCANEAMENTO CORPORAL 87
MEDITAÇÃO GUIADA COM IMAGEM 90
CONEXÃO CORPO E MENTE 90

ESTADOS DE CONSCIÊNCIA 91
LOCUS DE CONTROLE 92
FORMAS DE IMAGINAÇÃO GUIADA 93
MEDITAÇÃO E AUTO HIPNOSE 97

CAPÍTULO SEIS- A SABEDORIA POR TRÁS DA MEDITAÇÃO TAOÍSTA 101

MEDITAÇÃO NO VAZIO 102
MEDITAÇÃO DE QUIETUDE PROFUNDA 104
MEDITAÇÃO PARA MAIOR CONSCIÊNCIA INTUITIVA 107
A MEDITAÇÃO TAOISTA FUNDAMENTAL 111

CAPÍTULO SETE - TÉCNICAS DE MEDITAÇÃO COM YOGA. 113

MEDITAÇÃO DOS CHAKRAS 114
MEDITAÇÃO TRATAKA - FIXAÇÃO OCULAR 118
MEDITAÇÃO KUNDALINI 120
LEVANTAMENTOS ALTERNADOS DE PERNA 120
CROSS CRAWL - EXERCÍCIOS PARA CORPO E MENTE 121
VARIAÇÕES DA POSIÇÃO "CÃO OLHANDO PARA BAIXO".. 121
POSIÇÃO DA COBRA 122
POSIÇÃO DO ARCO 123
MEDITAÇÃO KIRTAN KRIYA 123
MEDITAÇÃO DE AUTOQUESTIONAMENTO 125
NADA YOGA 127
PRANAYAMA - RESPIRAÇÃO CONSCIENTE 129
AUMENTE A EXPIRAÇÃO 130
RESPIRAÇÃO TRIANGULAR 131
MUDE A SENSAÇÃO DE ESTRESSE 132
RESPIRAÇÃO DA ABELHA 133
KAPAL BHATI 134
MEDITAÇÃO DO TERCEIRO OLHO 136
MEDITAÇÃO PARA AUMENTAR PERCEPÇÃO 138

CAPÍTULO OITO - INCORPORANDO A MEDITAÇÃO NA SUA ROTINA 141

LEIA MAIS 143

MEDITAÇÃO EM MOVIMENTO 144
CARACTERÍSTICAS DA ATENÇÃO PLENA 145
CAMINHE DE FORMA CONSCIENTE 146
OS EFEITOS CALMANTES DA ÁGUA 147
REALIZE SUAS TAREFAS COM PROPÓSITO 147
ATENÇÃO PLENA NO TRANSPORTE................................... 147
DESACELERE 148
MUDE SUA ROTINA.. 148

CONCLUSÃO 150

Parte 1

Introdução

A meditação não é um conceito novo e nós podemos ler sobre ela em várias literaturas antigas da China e Índia. A meditação é como um treinamento de sua mente para gerar as qualidades naturais de cura e incômodos. A meditação pode curar muitas doenças psicológicas, mentais, e físicas enquanto outras formas de medicação falham. Nossa mente é uma máquina biológica e tem diversas limitações também. Nós temos um instinto natural de tentar encontrar a felicidade e o prazer em tudo à nossa volta e quando as coisas não atingem nossas expectativas, nós sentimos muito estresse e tensão. O ser humano possui uma natureza de que seja quando for ele esteja infeliz em alguma situação, ele tenta jogar esta tensão em outra pessoa que é inferior a ele. Por exemplo, se seu chefe sofre diversos abusos de sua esposa pela manhã, então ele tentaria colocar esta tensão nos seus ombros ao abusar de você. Porém, não podemos mudar este instinto natural em ser humano algum. Mas nós podemos sintonizar nossas mentes para aceitar as situações negativas de maneira amistosa. Portanto, o que de fato é meditação e como ela é benéfica para nós?

A meditação é uma parte interior de calma e estabilidade de mente. A meditação é uma forma de transformar nossa mente à um alto nível de tranquilidade. No Budismo, a meditação se refere àspráticas e técnicas que desenvolvem concentração, positividade emocional, claridade e tranquilidade. Em forma normal, a meditação é o processo no qual nós nos concentramos em nossa respiração enquanto excluímos qualquer tipo de pensamento de nossas mentes.

Benefícios da Meditação

A meditação tem diversos benefícios que dependem de seu nível. Muitos iogues e monges que atingiram o nível mais alto de meditação podem sobreviver em duras condições climáticas de áreas de altas altitudes, como os Himalaias. Estes monges atingiram um zênite de seus níveis e meditação e eles podem fazer diversos milagres usando-se dos poderes de meditação deles. Cientistas provaram que a meditação é útil para manter-se feliz, sem estresse, e calmo. A meditação é útil para controlar o nível de depressão e ansiedade nos seres humanos. Pesquisadores provaram que uma pessoa que medita por pelo menos 10-20 minutos diariamente consegue suportar seu estresse e ansiedade muito melhor se comparado com uma pessoa normal. Um dos maiores benefícios da meditação é que ela pode ajudar a sintonizar nossos chakras. Nosso corpo se compreende de diversos chakras (círculos de energia) localizados em diferentes partes do corpo que estão conectadas às 7 cores do Arco-Íris. Aqui estou explicando os chakras, seus efeitos no ser humano, e a cor à qual ele está conectado. Você deve saber que um arco-íris tem 7 cores numa maneira de VIAVALV (Violeta, Índigo, Azul, Verde, Amarelo, Laranja, Vermelho). A mesma sequência funciona para os chakras de nossos corpos, começa acima de nossa cabeça com a cor Violeta. Aqui estão os 7 chakras e seus efeitos em nossos corpos: --

Chakra da Coroa (Violeta em cor)
O Chakra da Coroa está localizado ao topo de nossas cabeças e é conectado com os níveis mais altos de consciência e espiritualidade. Sintonizar este chakra traz uma consciência genuína sobre nossa identidade como uma psique neste universo. As pessoas que conseguem sintonizar este chakra em altos níveis percorrem um caminho de esclarecimento absoluto.

Monges e iogues enfatizam neste chakra porque é mandatório para seus esclarecimentos e conectividades com suas psiques. Quando este chakra está desbalanceado, nós nunca conseguiríamos atingir um estado puro de esclarecimento e espiritualidade.

Sexto ou Chakra do Terceiro Olho (Índigo em cor)

O sexto chakra está localizado entre nossos olhos e é o âmago da nossa introspecção, onde a mistura entre informação e intuição acontece. Você deve ter visto diversas pessoas que dizem ter habilidades psíquicas. A razão para estas habilidades psíquicas é seu Sexto chakra altamente sintonizado. O sexto chakra pode nos conectar com o nível mais alto de habilidades psíquicas e começamos a nos sentir fenômenos extradimensionais. As pessoas que sintonizaram o chakra do terceiro olho sentem uma forte conexão com sua sabedoria e confiança interior. Isto pode lidar elas a fazerem escolas inteligentes. Se você tem um chakra do terceiro olho desbalanceado, você se sentirá dúbio sobre si e receoso em relação à vida.

Quinto Chakra ou Chakra Azul Safira (Azul em cor)

O Quinto Chakra está localizado em nossa garganta e é responsável pela comunicação e auto expressão de um ser humano. Pessoas com alta sintonia do Quinto Chakra têm a habilidade de se comunicar e se expressar com outras pessoas mais efetivamente. Estas pessoas podem também justificar e realizar seus sonhos relativamente facilmente. Estas pessoas também podem comunicar sentimentos e pensamentos sem a preocupação com a opinião de outras pessoas.

Quando o nosso Quinto Chakra está desbalanceado, um pensamento de ansiedade e solidão preenche nossa mente e passamos a pensar muito antes de nos comunicarmos com qualquer pessoa; nos preocupando com como eles devem reagir. Se você quer expressar seus sentimentos e pensamentos mais precisamente, então você precisa sintonizar seu Quinto Chakra.

Quarto Chakra ou Chakra do Coração
(Verde em cor)

Nosso Quarto Chakra está localizado entre nossas costelas (ou entre nossas clivagens, próximo ao coração). Este chakra está relacionado à compaixão e amor. Ele também conecta nosso corpo espiritual com nosso corpo físico, o que nos permite aceitar amor e dar amor de volta para o mundo em abundância. Iogues e monges tem uma alta sintonia com o Chakra do Coração e é por isso que você sente algum tipo de vínculo e compaixão quando você os conhece.

Se você consegue sintonizar seu Chakra do Coração, ele deve ajudar você a sentir uma conexão profunda com seus amigos e famílias, para que você consiga manejar seus relacionamentos com facilidade. Como descrevi anteriormente em meu livro sobre os relacionamentos atuais, se você sintonizar seu Quarto Chakra com meditação então isto deve ajudar muito a manter relações saudáveis com seus amigos e família. Você deve conseguir fazer decisões plausíveis em sua vida quando você sintoniza o seu Quarto Chakra e deste modo você consegue suportar situações difíceis com mais facilidade.

Quando este chakra está desbalanceado, você pode desenvolver um sentimento de egoísmo, solidão e alienação dentro de sua mente. Então sintonizar este chakra é mandatório para livrar-se de qualquer tipo de ansiedade e solidão em sua vida.

Terceiro Chakra ou Chakra do Plexo Solar (Amarelo em cor)

O Chakra do Plexo Solar está localizado no Plexo Solar (entre o umbigo e o esterno de nossos corpos) que controla a autoestima e inteligência. Pessoas que sintonizam o Terceiro Chakra são realizadores constantes, atingindo todos as metas de seus objetivos e desejos de suas vidas. Se você quer se tornar confiante e se tornar um feitor em sua aproximação, então você precisa sintonizar seu Terceiro Chakra.

Quando seu Terceiro Chakra está desbalanceado, você se sentirá sem forças, frustrado, e suscetível à negatividade de outras pessoas. Seu sucesso depende altamente da sua autoestima e você precisa sintonizar seu Terceiro Chakra para o nível maior de sua autoestima e inteligência para que você possa atingir todas as metas de sua vida.

Chakra Sagrado (Laranja em cor)
Este chakra está localizado bem no centro de gravidade do nosso corpo (abaixo do umbigo) e é o centro das nossas emoções que está relacionado com a criatividade e renascimento. Assim como nosso centro de gravidade; nosso Chakra Sagrado é nosso centro de criatividade. Se seu Chakra Sagrado está desbalanceado então você sentirá algum tipo de "vazio" de seu ser interior. Seu nível de criatividade praticamente ficará parado e nessa condição, como um bloqueio de escritor.
Pessoas que sintonizam o Chakra Sagrado tem alta energia criativa para escrever, criar música, ser pioneiro nos negócios, ou

espalhar felicidade aos seus amados. Sintonizar o Chakra Sagrado é bastante útil para as pessoas relacionadas à algumas artes como artista de escultura, pintor, escritor, diretor ou músico. Um Chakra Sagrado sintonizado pode abrir uma fonte espantosa de criatividade e imaginação que eles podem usar para fazer um artefato único.

Chakra da Raiz (Vermelho em cor)
Nosso Chakra da Raiz está localizado no osso da cauda (base da espinha) e está relacionado com nosso instinto de sobrevivência e senso de aceitação à uma família ou grupo. Você deve ter visto diversos monges usando habilidades extraordinárias como quebrar um grande cubo de gelo, caminhar no fogo, balancear seus corpos em seus dedos e muito mais. A razão principal para estes atos extraordinários são seus altos níveis de sintonia com o Chakra da Raiz. Os que possuem sintonia com o Chakra da Raiz são fortes, tendo instintos excelentes,

habilidades de liderança, e confiança em suas tomadas de decisões.

Se seu Chakra da Raiz está desbalanceado então você deve ter sentimentos de ansiedade e preocupação do seu ser interior. Balancear seu Chakra da Raiz é necessário para manter e aumentar o nível de confiança e estabilidade em sua mente.

Então estes foram os 7 chakras principais e seus efeitos em nossas mentes e corpos. A meditação é o melhor caminho para sintonizar estes chakras e curar nossa mente de qualquer tipo de estresse.

Como Meditar Apropriadamente em 5 Passos Simples?

A meditação é muito fácil e qualquer um pode tentar em casa. Você pode meditar por 15-30 minutos diariamente e você deverá perceber os efeitos em sua mente e natureza em alguns dias. Então aqui estão os 5 passos simples para meditação: --

Passo1: Encontre um Local Ideal e Tempo para Sua Meditação

Encontrar o local ideal para sua meditação é o primeiríssimo passo para iniciar sua meditação. O local em que você irá meditar precisa estar livre de qualquer barulho. Você pode escolher qualquer ponto quieto em sua casa ou na rua, onde você pode se concentrar totalmente em sua meditação. Eu sugeriria que você escolhesse um lugar calmo que você normalmente não usa para seus outros propósitos diários. Você precisa formar uma mentalidade em que você irá apenas meditar neste ponto em particular. Antes que você se aproxime deste local, tente pôr para fora suas preocupações e estresse, e então entre neste espaço com calma em sua mente. Isto deve realmente ajudar você muito a concentrar nas suas sessões de meditação.

Escolher o melhor tempo para meditação também é mandatório para melhores resultados. Os Gurus da meditação aconselham a meditar cedo pela manhã pois nossa mente está em seu estado relaxado na manhã. Outro bom momento para a meditação é ao anoitecer quando você está finalmente livre de seu horário de trabalho. A meditação antes de dormir não é boa pois sua mente não se concentraria na meditação apropriadamente neste caso e isto conectaria a meditação com o sentimento de dormir e você acabaria ficando a dizer para si mesmo – "eu vou dormir assim que eu terminar isto". Entretanto, se você não está dormindo apropriadamente a meditação é o melhor substituto para dormir. Às vezes pode ser mais renovador do que dormir porque pode dissolver sua tensão e ansiedade.

Sua concentração é muito importante em atingir um maior nível de meditação para curar seu estresse. Peça aos seus membros de família e amigos para não lhe perturbar enquanto medita. Nunca leve seu notebook ou celular/smartphone para o local onde você está meditando. Você pode desliga-losou os pôr em modo silencioso em casos urgentes. Se você tem crianças pequenas então você pode escolher um horário em que suas crianças estão dormindo para continuar longe de qualquer tipo de distúrbio. Inicialmente 10-20 minutos são suficiente para a meditação e então você pode aumentar seu tempo dependendo de sua escolha. Mesmo que você medite por apenas 10-20 minutos diariamente, tenho certeza que seria suficiente para remover o excesso de estresse e preocupações de sua mente.

Passo 2: Escolhendo a Postura Ideal
Sua postura é crucial para a concentração apropriada enquanto medita. Se você tem costume a sentar quietamente por um longo período de tempo, então você precisa praticar isto por algum tempo, até que se acostume com isso. Eu sugiro a você que não enfatize tanto em sua postura e se concentre na sua respiração.
Você pode escolher qualquer postura de acordo com seu nível de conforto.

Sentando no Chão

A postura principal para meditação é sentar com pernas cruzadas, deixando suas mãos à frente de suas pernas. Você pode usar qualquer cobertor ou tapete para sentar. A maioria dos monges e iogues usam esta postura para meditação. Aqui está o passo-a-passo para esta posição: --

- Sente num chão ou um tapete com sua perna esquerda dobrada à sua frente e sua perna direita dobrada ao topo de sua perna esquerda. Você pode praticar isto por um tempo antes de começar sua meditação. Agora coloque suas mãos sobre seu colo, palmas para cima e coloque sua mão direita ao topo de sua mão esquerda. Você também pode colocar ambas as mãos, uma em cada joelho, fazendo um sinal de 'OK' com seu dedão e quarto dedo.
- Você pode mudar a posição de suas mãos e suas pernas para manter-se em posição confortável inicialmente porque isto requer muita prática. Agora, feche seus olhos e tente se concentrar nas suas respiradas.

- Mantenha sua espinha reta e nesta posição e veja se seu corpo está caindo para a esquerda ou direita. Se estiver então relaxe seus músculos que estão puxando nesta direção.
- Puxe seus ombros para trás levemente e para baixo para que você crie um leve arco com suas costas do meio e inferiores. Puxe seu estômago um pouco para relaxar seus músculos das costas.

Se você não se sente confortável nesta posição então descontinue e tente algumas outras posições confortáveis. Não coloque muita pressão na sua espinha ou estômago porque isto pode ser prejudicial.

Usando Bancos e Cadeiras

Muitas pessoas que sofrem de artrite, danos no quadril, ou qualquer tipo de dor de juntas, normalmente acha difícil sentar no chão na posição padrão para meditação. Se você é alguma dessas pessoas então você pode tentar a cadeira ou banco de meditação. Algumas destas cadeiras vêm com ajuste deposição que podem ajudar você a decidir em qual posição é mais confortável de ficar para você. Ajoelhe-se com suas canelas no chão, coloque o banco em suas panturrilhas, então sente-se no banco. Escolha uma cadeira apropriada, tendo altura suficiente para que você possa relaxar na cadeira de forma plana. Você pode usar uma cadeira de madeira ou qualquer outro tipo de cadeira firme, com ou sem um cobertor dobrado de acordo com sua facilidade de uso e conforto. Não use colchões muito grossos porque isto pode levar você a se debruçar.

Passo 3: Sintonize o Estado da Sua Mente
Seu estado de mente também é crucial para atingir um nível mais alto de meditação que ajude você a sintonizar seus 7 chakras e fazer de você um ser humano perfeito. Nossa mente é um monte de pensamentos e ela continua pensando sobre as consequências da rotina diária o tempo todo. Nossa mente

nunca descansa e continua trabalhando até mesmo à noite enquanto dormimos. Você deve perceber que na fase inicial das sessões de meditação muitos pensamentos vêm na sua mente e você achará difícil se concentrar na sua respiração apropriadamente. Então você precisa de muita prática para atingir um nível superior de meditação para que você possa sintonizar seus chakras. Quando há muitos pensamentos em nossa mente então muitas perguntas vêm à nossa mente e a distrai da meditação. Você precisa transcender sua mente e intelecto para as vibrações positivas para atingir os níveis mais altos de meditação.

Para sintonizar sua mente apropriadamente você precisa observar meticulosamente sua mente enquanto medita. Observe se sua mente está ficando junto com sua respiração, ou se você está tendo persistentes mudanças de humor? Se sua mente está junto com sua respiração então você pode continuar sua meditação. A meditação é totalmente sobre ter a concentração em sua respiração e destacar sua mente de distrações externas. Muitas pessoas encontram dificuldades em continuarem calmas e concentradas durante a meditação e muitos pensamentos vêm à suas cabeças. Lembre-se que uma má sessão de meditação não lhe beneficiaria de forma alguma e você precisa aprender a se concentrar apropriadamente e efetivamente. Entre numa mentalidade positiva antes de entrar no seu local de meditação, onde você somente se concentrará na meditação e irá colocar fora todas as suas preocupações e inquietações antes de entrar no local de meditação.

O modo mais popular de sintonizar sua mente par a meditação é desenvolver atitudes de compaixão, boa vontade, empatia, e equanimidade para com todos os seres vivos deste mundo. Estas atitudes são chamadas de "Brahmaviharas" em Sânscrito ou atitudes sublimes, em bom português. Você precisa praticar atitudes sublimes para atingir um nível superior de mente em sintonia para melhores resultados na meditação. Como descrevi na seção anterior do meu livro; o ser humano tem um instinto natural de colocar sua própria indignação nas outras pessoas e tenta se manter sem estresse por este instinto. Mas este não é um método plausível de manter-se livre do estresse e se você precisa atingir níveis maiores de meditação, então você precisa enterrar seus ressentimentos com outas pessoas da sua interação diária. A meditação é o método de encontrar paz e felicidade sem machucar ninguém. Ao mesmo tempo, você cria uma nova narrativa de vida, de viver uma vida saudável e tranquila para si.

Boa vontade e equanimidade são as duas principais atitudes sublimes que contém outras duas atitudes cada uma: compaixão e empatia. Boa vontade é uma prece ou desejo por felicidade verdadeira, não só para você, mas como para outros também. Compaixão é o sentimento interno de um ser humano que é desenvolvido por meio de boa vontade quando você vê outras pessoas sofrendo ou atuando de modo que às levem a sofrer. Estas atitudes sublimes também são úteis para sintonizar nosso Chakra do Coração, que é responsável por manter bons relacionamentos com nossa família e amigos.

Exercício para Desenvolver Boa Vontade e Equanimidade

Antes que você inicie sua meditação, tente lembrar-se do que a boa vontade é e deseje por felicidade para todos à sua volta. Faça suas preces para seu Deus religioso que todas as pessoas que vivem ao seu redor tenham boa vontade e desenvolvam um verdadeiro caminho para a verdadeira felicidade. Mesmo que você tenha alguns momentos amargos com eles, não tente colocar nenhum tipo de raiva ou ressentimentos a eles e peça pela felicidade e boa vontade de todos. Você pode entoar alguns mantras enquanto faz suas preces por eles, isto deve ajudar você a seguir o caminho da boa vontade e magnanimidade. Repita este mantra em sua mente antes de começar sua sessão de atitudes sublimes:

"Pela virtuosidade de Deus, (você pode trocar Deus pelo seu Deus religioso, como Jesus – Pela generosidade de Deus)
E com a ajuda de minha intuição interior,
Estou aqui permitindo que todos os meus ressentimentos e raiva me deixem,
E preencha-me com a boa vontade e equanimidade,
Que Deus também traga felicidade e boa vontade para todas as pessoas que estão conectadas comigo.
Amém."

Repita as linhas deste mantra em sua mente até que sua mente se torne estável ante qualquer tipo de distúrbios externos e sentimentos de ressentimento. Este mantra é o melhor para ganhar um maior nível mental de seu subconsciente para que você possa se concentrar na meditação apropriadamente.

Passo 4: Focando na Respiração

Respirar apropriadamente é um dos pré-requisitos para atingir um nível mais alto de meditação e então curando sua mente e corpo do estresse. Os Gurus da meditação enfatizam no processo de respiração e pedem aos seus estudantes que aprendam a respirar para concentrarem-se apropriadamente nela. Muitas pessoas têm níveis diferentes de conforto para respirar e você precisa encontrar o seu antes que se torne um expert da meditação. Siga estas dicas de respiração simples para melhores resultados na sua meditação: --

Encontre um jeito confortável de respirar: --Encontrar um jeito confortável de respirar é mandatório para atingir níveis mais altos de meditação e sintonizar seus chakras. Você pode começar sua sessão de meditação com algumas respiradas fundas, para dentro e para fora, longas respiradas. Isto deve ajudar seu corpo a energizar e preparar-se para a sessão de meditação. Respiração funda é mandatória na meditação e é bem como exercícios de alongamento que fazemos antes de nossa malhação. Você precisa perceber que está sentindo a sensação de sua respiração dentro de seu corpo. Tente sentir a respiração sempre que você inspira e expira e mude os padrões de respiração para escolher o melhor e mais confortável jeito de respirar para você. Se você pensa que um padrão particular é confortável para você, então continue com aquele padrão ou então fique mudando os padrões até que você encontre o seu padrão confortável de respiração.

Mantenha-se concentrado em cada respirada para dentro e para fora: -- Quando você encontrar seu padrão confortável para respiração, seu próximo passo é manter este padrão e concentrar-se nele. Você precisa dar atenção adequada para sua respiração, não perca seu padrão confortável de respiração. Tente acalmar sua mente e seu corpo durante a respiração não deixe sua mente ficar perambulando. Muitas pessoas acham difícil manter seus padrões confortáveis de respiração e se o mesmo acontece com você então não se desencoraje e continue tentando. Se você está tendo problemas para concentrar-se em sua respiração, então você pode entoar o mantra "OM~" durante a respiração.

Passo 5: Como Atingir um Nível Superior de Meditação

A meditação é o melhor caminho para conseguir conectar seu ser físico com seu eterno e psíquico ser. Seu corpo também está presente nas dimensões mais altas em forma de vibrações. Se você aprender como sintonizar seu corpo etéreo, então você pode atingir o zênite da sua meditação, que deverá curar você de diversos padecimentos mentais e corpóreos. Você sabe o que a energia cósmica é? Ela é a fonte principal de energia que é essencial para o funcionamento apropriado de nossos corpos e mentes. A energia cósmica é essencial para manter a ordem em nossas vidas e expandir nossa conscienciosidade.

Muitos iogues e monges dos Himalaias desbloquearam esta potente fonte de poder e bem-estar e agora eles podem viver sem qualquer consumo de água e comida por vários dias ou até mesmo meses. Estes iogues e monges afirmam utilizar da energia cósmica para servir seus corpos biológicos. Estes iogues meditam aos -45°C de temperatura das áreas de alta altitude e nunca ficam doentes.

A meditação é muito útil para curar algumas doenças comuns como diabetes, hipertireoidismo, pressão sanguínea, hipertensão, e muitas outras. Se você atingir os níveis mais altos da sua meditação como aqueles iogues e monges, então tenho certeza que você explorará os maiores potenciais de seu ser biológico e eterno. Para sintonizar sua mente e psique com os níveis mais altos de eternidade, você precisa atingir o estado de não-pensamento, que é chamado de "NirmalSthiti" em Sânscrito (idioma Hindu Antigo). Para atingir o estado de não-pensamento; continue praticando o passo anterior de respiração até que você encontre seu padrão confortável de respiração. Quando o tiver encontrado, concentre-se na sua respiração apropriadamente. Você deverá atingir um nível de sua concentração onde sua respiração ficará bem pequena e se assenta como um flash por entre suas sobrancelhas. Você deverá ficar livre de quaisquer distrações exteriores e pensamentos neste estado de não-pensamento e este é o mais alto nível de meditação. Você começará a receber energia cósmica neste estado e seus 7 chakras ficarão completamente balanceados. Este estado não é fácil de atingir para um ser humano comum como nós, porém continue tentando até que atinja este estado. Não se desencoraje se você falhar por algum tempo, e continue tentando.

Diferentes Formas de Meditação e Seus Benefícios

A meditação também possui diversas formas e você pode usá-las de acordo com sua facilidade de uso e requerimentos. Como descrevi anteriormente, você pode usar a meditação para curar alguns dos padecimentos comuns. Diferentes formas de meditação são famosas dependendo da causa da meditação e seus efeitos. Existem outros tipos famosos de meditação como os seguintes: --

Meditação de Cura Energética
A meditação tem diversas propriedades curativas pois você pode mandar a energia cósmica para as partes do seu corpo onde os padecimentos estão presentes. No processo de meditação curativa, você pode mandar a energia cósmica diretamente à área que precisa de ajuda. Quando fluxo de energia está apropriado, você se mantém saudável. Quando o fluxo de energia cósmica em seu corpo está bloqueado, doenças irão ocorrer. Siga estes simples passos para Energia Curativa: --

Sente-se razoavelmente ereto e feche seus olhos.

Respire devagar e gradualmente como explicado na seção anterior deste livro.

Enquanto inspira o ar fresco, sinta que você está respirando energia cósmica da força da vida através de seu Plexo Solar.

Imagine esta energia cósmica como a curadora de todos os padecimentos que estão em seu corpo.

Enquanto expira, gentilmente direcione esta curativa força de vida para a área afligida. Se não há uma, você pode também dispersá-la pelo seu corpo.

Continue estes passos por alguns minutos para cura apropriada.

Mantra Universal de Meditação

Esta técnica de meditação vem de um famoso literário Indiano chamado MaliniVijaya Tantra e tem uma história datada de 5000 anos atrás. Esta meditação usa o mantra como seu objeto de concentração em vez de sua respiração. O mantra que é mais utilizado nesta técnica é o "OM". É uma vibração essencial do universo e ele nos conecta ao nosso ser espiritual. Você precisa não apenas dizer a palavra OM mas esticar esta palavra. Você escutar alguns cantos de mantra para que você saiba como entoar este mantra. Você pode ambos entoar este mantra ou repeti-lo em sua mente. Siga estes passos simples para um mantra Universal de meditação: -- Repita os passos de respiração da primeira seção e então entoe o mantra OM silenciosamente em sua mente.

Para a meditação de sucesso desta técnica, você precisa dar à sua mente espaço para perambular antes que possa perfeitamente concentrar-se no mantra. Mesmo que você irá acabar focando no mantra, não coloque muito esforço em concentrar-se no mantra. Tentar em demasiado na concentração acabará empurrando sua mente de decaindo para os reinos mais profundos. Repita o mantra com esforço mínimo e dê à sua mente tempo para perambular no hiperespaço por um tempo.

Resista à sua tentação de atingir algo e permita que o mantra faça seu trabalho por você.

Meditação de Relaxamento

A meditação de relaxamento é uma das formas mais fáceis de meditação e relativamente útil para relaxar sua mente e corpo de distrações externas. Siga estes simples passos para esta técnica: --

Sente-se confortavelmente com sua espinha ereta.

Deixe seus olhos descansar confortavelmente para baixo, olhando suavemente, mas não focando em nada.

Não feche seus olhos e permita que suas pálpebras descansem a um nível de estado de maior conforto.

1. *Continue olhando para baixo. Você acabará percebendo que sua respiração está se tornando mais focada e rítmica.*
2. *Está tudo bem em deixar sua atenção flutuar um pouco. Não coloque nenhum estresse a mais em seus olhos e deixe-os relaxar se você não está se sentindo confortável. Se seus olhos se tornarem*

pesados, feche-os por um tempo. Tente manter seu estado de relaxamento.

Conclusão

A meditação é o melhor jeito de remover o estresse de sua mente e corpo e ela não possui efeitos colaterais. Muitas pessoas pelo mundo usam a meditação como uma forma de conectarem seus seres biológicos com seus seres espirituais. Iogues e monges possuem um alto nível de meditação e eles são livres da tensão e estresse mundanos. Você pode usar a meditação como uma forma de iluminar seu ser interior e atingir o zênite da boa vontade e bem-estar. Eu tentei prover a você algumas compreensões sobre a meditação e suas diversas técnicas. Se você acha que não está se sentindo bem enquanto tenta quaisquer das minhas técnicas de meditação, então consulte seu médico. Todavia, tenho certeza de que a meditação é livre de quaisquer efeitos colaterais. A meditação é o melhor jeito de curar diversas doenças crônicas como dor, estresse, sinusite, insônia, depravação do sono etc. Você pode tentar a meditação se você está sofrendo de qualquer tipo de doença crônica. A meditação também é útil com algumas doenças degenerativas como diabetes, hipertireoidismo, pressão arterial, ou hipertensão. Eu conheci muitos monges que vieram de diversas partes do mundo que antes sofriam de tais tipos de doenças. Agora, após aplicarem técnicas de meditação profundas, os sinais dessas doenças estão praticamente acabados e eles aparentam estarem mais saudáveis que pessoas normais nas idades deles. Então medite diariamente e tente dar seu amor e compaixão para este mundo inteiro, enquanto cura a si mesmo de estresse e ansiedade.

Parte 2

Introdução

Talvez você já tenha tentado de tudo, desde beber chás até tomar remédios controlados, na busca de acalmar os nervos e aliviar todo o estresse e a ansiedade, mas percebeu que nada está funcionando. Talvez você esteja sofrendo com os efeitos do estresse e da ansiedade por grande parte da sua vida, mas não quer seguir a linha tradicional de terapia combinada com medicação. Não importa por qual razão você decidiu comprar esse livro de meditação e achou que ele poderia te ajudar com o estresse e ansiedade, saiba que você vai achar aqui informações que realmente te ajudarão a lidar com tudo isso ou até mesmo acabar com esses transtornos.

No primeiro capítulo desse livro, você vai aprender como o estresse ocorre no seu corpo e que tipo de resposta ao estresse você possui. Com essa informação você poderá tomar uma decisão informada sobre que tipo de meditação você deverá focar mais, seja ela uma meditação mais calma e contemplativa ou uma que requer mais movimento. Para isso, vamos falar , primeiramente,sobre a diferença entre meditação e atenção plena.

Esse dois termos são usados como sinônimos no mundo moderno, mas não significam exatamente a mesma coisa. Aliás, um termo incorpora o outro, muitas das vezes. Para a nossa sorte, atenção plena e meditação não são como aquele dilema do ovo e da galinha.

A meditação veio primeiro, e é praticada bem antes do desenvolvimento do termo atenção plena. Meditação é a pratica de atingir altos níveis de consciência e concentração a fim de poder reconhecer e regular a mente de forma consciente. Ela envolve inúmeras técnicas diferentes, dentre as quais estão a atenção plena, e pode incluir também o silêncio, yoga, respiração, Tantra, e o Vazio.

Assim sendo, atenção plena é uma forma de meditação. Ela é o ato de focar em uma experiência no presente, como comer um pedaço de chocolate, beber um café quente, sentir um aroma agradável ou ouvir ao sons que nos circundam. Praticar a atenção plena tem como objetivo remover as emoções da mente e deixar você focado em nada além daquilo que você está fazendo no momento.

Agora que a lição acabou, deixa eu te explicar por que escrevi esse livro. Eu sofria de ansiedade, na forma de ataques de pânico, e meus níveis de estresse eram altíssimos porque parte do meu trabalho era lidar com o público. Não me entenda mal, eu amava meu trabalho, amava trabalhar com outras pessoas, ajudando a melhorar a vida delas, mas eu estava tão estressado que não consegui mais falar com ninguém . Eu estava me tornando um recluso devido a esses distúrbios estranhos.

Não costumava ser assim. Acho que isso aconteceu depois de anos me colocando em situações repetidas de estresse sem me permitir um tempo de descanso. Eu não tirava férias fazia anos. Eu trabalhava de manhã até a noite, sem me cuidar . Eu conversei com o meu médico, e ele disse que queria me receitar antidepressivos. Eu concordei, fui até a farmácia com a receita, e depois fui para casa para ler mais a respeito da medicação receitada. Eu sou desses que gostam de pesquisar a respeito das coisas antes de tomar decisões.

O que me fez parar e pensar duas vezes antes de tomar foram os efeitos colaterais, especialmente o de contração muscular involuntária. Eu me imaginei sentado na minha mesa no trabalho com um daqueles tiques nervosos no olho e todos os meus colegas de trabalho olhando para mim . Só de pensar naquela possibilidade eu fiquei bastante ansioso. Hoje eu consigo dar risada sobre essa possibilidade, mas voltemos ao assunto. Os efeitos colaterais me fizeram duvidar da decisão do médico em me receitar antidepressivos, o que me levou a fazer mais pesquisas.

Lembre-se de que minha pesquisa foi toda baseada na relação meditação e estresse, mas existem outras centenas de benefícios ligados à pratica da meditação. Eu focarei nos benefícios relacionados ao estresse e a ansiedade, já que esses devem ser os que mais interessam a você no momento.

A primeira coisa que achei nas pesquisas foi que meditação reduz depressão. Eu não achei que estava sofrendo desse mal, mas isso me deixou intrigado. Comecei a pesquisar mais a fundo essa afirmação e achei vários estudos comprovaram sua veracidade . Um desses estudos ficou gravado na minha mente. Ele foi feito em cinco escolas de Ensino fundamental na Bélgica, com cerca de quatrocentos alunos. Os alunos foram instruídos a participar de um programa com aulas de atenção plena . No fim do programa, os alunos relataram estar bem menos deprimidos, comparados com o período anterior ao início do programa (Leuven, 2013). Logo, meditação é capaz de ajudar aqueles que sofrem de depressão.

Um segundo estudo interessante que li eu encontrei no The Journal of Alternative and Complementary Medicine (Revista de Medicina Alternativa e Complementar). Nele, sugeria-se que a meditação ajudava na regulação de humor e de transtornos de ansiedade. (Albert J. Arias, 2006). Isso já me encorajou, mais eu fui além. Eu achei um estudo da Escola de Medicina de Harvard que demonstrou que meditação e yoga melhoravam a produção e consumo de energia em nível mitocondrial,o que ajudou os participantes do estudo a fortalecerem seus sistemas imunológicos e trouxe maior resiliência ao estresse (Manoj K. Bhasin, 2013). Isso era exatamente o que eu procurava.

De modo geral, o que achei com minhas pesquisas foi que a meditação pode ser tão benéfica quanto a medicação controlada, e tem poucos efeitos colaterais. Nem preciso dizer que depois disso eu joguei fora os antidepressivos prescritos e comecei a pesquisar como praticar meditação para diminuir meu estresse e ansiedade. E quero dividir tudo aquilo que aprendi com você, mas primeiro precisamos determinar que tipo de resposta ao estresse você possui, a fim de que possamos decidir quais práticas de meditação serão melhores para conter a superprodução de cortisol no seu corpo , que acontece quando ele está estressado.

Capítulo Um - Sua resposta pessoal ao estresse

Desde os tempos das cavernas e por milhares de anos subsequentes, o que manteve a raça humana viva foi o estresse. Aliás, sem os hormônios relacionados ao estresse, seu corpo, coração, cérebro e outros órgãos deixariam de funcionar . Necessitamos de uma certa quantidade de estresse para que possamos viver normalmente. Foi isso que levou os homens da caverna a correrem dos ursos que queriam devora-los, ou em um exemplo menos dramático, o que impulsionou esses homens a levantarem todas as manhãs para buscar comida. Estresse é necessário para a sobrevivência.

Contudo, em tempos modernos, temos ficado cada vez mais estressados sem motivo aparente ou sem uma boa ferramenta de escape. Assim, você costumava ter um pico de cortisol e adrenalina para te deixar mais forte ,rápido, e emocionalmente capaz de lidar com situações difíceis, e os hormônios levavam você a escolher entre fugir ou lutar até destruir o problema. Infelizmentevocê não pode bater no seu chefe, nos seus colegas de trabalho, ou naquele cara que te cortou na estrada sem encarar sérias consequências, e fugir dos problemas também não ter permite resolve-los.

Essas respostas de fuga ou luta não são mais usadas em situações de sobrevivência, e os hormônios relacionados ficam nadando na sua corrente sanguínea enquanto você fica remoendo seus sentimentos por horas, ou talvez dias. No meu caso, foram anos de raiva e ressentimento que se acumularam até um ponto em que eu simplesmente surtei . Eu espero que as informações deste livro cheguem até você antes que você chegue ao colapso, e torço para que ele te ajude a evitar situações difíceis como essa.

Como uma definição sólida, para esse livro, digo que o estresse é a forma como seu corpo responde a ameaças de todo o tipo, sejam elas mentais, emocionais ou físicas. Quando você se sente ameaçado por qualquer motivo, o sistema nervoso vai liberar adrenalina e cortisol pelo corpo, provocando uma reação distinta. Seu coração vai bater mais forte, seus músculos se contrairão, sua pressão sanguínea subirá, sua respiração vai acelerar, e seus sentidos ficarão mais aguçados. Você vai se sentir como o coelho prestes a fugir de um predador perigoso ou como a mamãe urso protegendo seus filhotes do perigo. Essas reações são conhecidas como respostas de fuga ou luta ; psicólogos, entretanto, descobriram uma terceira forma de resposta . Esse novo termo é conhecido como reação de paralisia ou congelamento .

Essa paralisia é nova, um resultado dos tempos modernos , e abarcam aqueles que ficam emocionalmente, mentalmente e até fisicamente imobilizados. Estão numa situação ondem não podem fugir nem lutar, então decidem que o melhor a fazer é ficar parado até o estresse passe.

Pode até parecer que a paralisia é a única e melhor opção como reação ao estresse, mas ela desconecta você da sua vida, sua carreira, seus entes queridos.
Então, como descobrir qual o tipo de resposta você possui para o estresse, e quais são as melhores técnicas para cada uma delas ? Vamos analisar todas elas nas seções seguintes.

Reação de luta
A reação de luta pode ser bem perigosa se não for controlada bem de perto. Pessoas com esse tipo de resposta ao estresse tendem a ser muito agitadas e desenvolvem sentimentos de raiva quando colocados em situações estressantes . Elas respondem melhor a atividades que as deixem mais calmas, como meditação e exercícios de atenção plena. Algumas das melhores técnicas de meditação para aqueles que respondem ao estresse com raiva são as de relaxamento muscular progressivo, imaginação guiada, respiração profunda e outras formas clássicas de meditação .

Reação de fuga

A reação de fuga pode parecer menos perigosa que as outras, mas é uma resposta que pode ser bem problemática para sua vida e para seus entes queridos. Essa resposta de fuga leva pessoas a se tornarem mais introvertidas, deprimidas ou desconectadas em situações de estresse. Aqueles que sofrem com esse tipo de reação devem procurar técnicas de meditação que envolvam movimento, como a yoga ou exercícios físicos que conjuguem atenção plena .

Reação de paralisia

Se você é alguém que já passou por um trauma, ou que normalmente se vê paralizado em situação de estresse, seu primeiro desafio será desenvolver sua percepção para que possa ter uma das duas reações anteriores . Quando você conseguir experimentar uma dessas reações, você poderá empregar técnicas para alivio de estresse sempre que precisar se acalmar. A melhor maneira deixar de ter uma reação de paralisia e experimentar as outras é tentar exercícios de atenção plena, como tai chi ou dança focada . Falaremos mais sobre isso nos próximos capítulos.

Assim que você descobrir qual é sua resposta ao estresse, você pode passar para os próximos capítulos e buscar a resposta que mais se adaptar as suas necessidades.

Capítulo Dois – Respirando fundo

Respirar corretamente durante a meditação é muito importante - se você não consegue controla-la corretamente, você não estará praticando atenção plena ou meditação de verdade.Entretanto, praticantes de yoga não acordaram um dia com todas as técnicas de como respirar em um estado zen na cabeça. Eles praticam diariamente como controlar a respiração para que alcancem também controle sobre seus corpos

Vamos ,então, entender o que é respiração antes de mergulharmos a fundo nos exercícios para essa sua jornada na meditação.

Assim como o coração é a bomba do seu sistema circulatório, a sua respiração é a bomba para o sistema linfático. Suas células requerem oxigênio para que possam sobreviver no seu corpo, e dependem das trocas entre o sistema circulatório e o sistema linfático para tal. O sangue leva todos os nutrientes que encontra pelo corpo juntamente com uma grande quantidade de oxigênio para os vasos capilares . Quando esse sistema está operando de forma saudável, o sangue traz nutrientes e depois leva embora toxinas, limpando o seu corpo. A respiraçãoé a pratica moderadora dessa troca .

Você possui duas vezes mais fluidos linfáticos no corpo que qualquer outro tipo de fluido. O sistema linfático age como a rede de esgoto de uma cidade : ela leva embora todo tipo de dejeto, e os vasos desse sistema fazem a drenagem do seu corpo. Suas células nadam nesse fluido e depositam ali todos os detritos que encontram, como células brancas velhas, toxinas, e proteínas do pasma sem função.

O sangue circula em seu corpo transportando nutrientes e oxigênio para as células. Estas absorvem o que necessitam, livram-se dos detritos e toxinas acumuladas, e o sague é limpo quando passam pelo sistema linfático. Se você já sentiu os linfonodos do pescoço inchados alguma vez, então você sabe o que é ter um sistema linfático trabalhando de forma inapropriada . A linfa flui no sistema circulatório por dois canais na base do seu pescoço. Esses fluido vai passar pela sua correntesanguínea e será filtrado no fígado e rins, juntamente com quaisquer toxinas e dejetos .

Entretanto, ao contrário do sistema circulatório, não há uma bomba impulsionadora como o coração para desse sistema. Sua movimentação e frequência respiratória é que vão determinar se o seu sistema linfático operará bem . Um sistema linfático preguiçoso resulta em uma falha na limpeza de toxinas do corpo, que por sua vez causam aumento da pressão sanguínea, fatiga e inflamação. Esses três sintomas podem ser traduzidos pelo corpo como uma situação de estresse.

Felizmente, técnicas de respiração profunda podem ajudar nesse caso. A respiração profunda ativa o seu sistema nervosoparassimpático por meio do estado de relaxamento . Uma análise feita pelos Dr. Brown, Dr. Gerbarg, e Gretchen Wallace resultou no desenvolvimento de uma nova teoria neuropsicológica sobre como a respiração da yoga afeta nossa resposta ao estresse e acalma corpo e mente .(Wallace, Gerbarg, M.D., & Brown, M.D., 2011). No estudo, descobriram que a respiração profunda na forma de técnica de relaxamento podia ajudar sobreviventes de grandes desastres, e se pode ajudar eles, certamente pode ajudar você também.

O sistema nervoso simpático é aquele que é estimulado em momentos de ansiedade, e o estresse controla suas respostas de fuga ou luta, o que inclui os picos de adrenalina e cortisol que podem trazer danos ao seu corpo e sua mente se forem constantes. O estresse crônico vai esgotar seu corpo de nutrientes e desestabilizar seus sistema endócrino e a química cerebral. Depressão, tensão muscular, dores, sensibilidade da insulina e fatiga adrenal são algumas das queixas relacionadas com estresse crônico. A respiração ofegante durante situações de estresse aciona o seu sistema nervoso simpático, que pode ser rapidamente desligado com o uso da respiração profunda .

Quando você está estressado, você respira de maneira curta e rápida, o que faz seu coração bater forte, seus músculos tensionarem e provoca uma descarga adrenalina no corpo . Quando o agente causador do estresse vai embora, você respira fundo, o que sinaliza ao cérebro que tudo está bem novamente. Se você praticar essa respiração nos momentos de estresse, seus batimentos cardíacos vão desacelerar, seus pulmões vão se expandir e os músculos relaxarão . Portanto, uma das melhores técnicas que você pode aprender nesse livro é de como controlar sua respiração em situações de estresse. Isso vai ajudar você a se sentir melhor em questão de segundos.

Respiração profunda
Esse é oprimeiro passo no aprendizado da yoga, da meditação e da atenção plena. Pode ser praticado em casa ou em um

lugar calmo e silencioso onde você pode se concentrar . Você pode fazer uso desta técnica minutos antes de uma entrevista ou diante de uma situação de estresse para se acalmar, porem ela deve ser praticada bastante para que você se acostume a ela. Tente utilizá-la antes de dormir , para que consiga relaxar e ter um sono mais profundo .

Siga esses passos para praticar a respiração profunda.

1. Coloque uma mão no peito e a outra me seu abdomen,na altura do diafragma . Relaxe por um momento e perceba como você está respirando. Provavelmente você está respirando pelo peito, usando os pulmões, sem mover o diafragma. Vamos mudar isso,.
2. Respire profundamente pelo nariz e busque inflar o diafragma ao invés do seu peito. Você vai sentir seus pulmões crescendo como se tivesse inflado ar demais, especialmente se você estiver estressado. Só uma dessas respirações profundas já ajudará seu corpo a relaxar .

A meta é fazer de seis a dez dessas respirações profundas a cada minuto , todos os dias, por cerca de dez minutos . Isso vai ajudar você a aliviar a tensão muscular, diminuir a frequênciacardíaca e a pressão sanguínea. Se você continuar essa prática por mais de seis semanas, você verá algumas melhoras na saúde, além daquelas relacionadas com a redução do estresse.

Conte enquanto respira

Respiração quadrada é o nome desse exercício, que na verdade se chama Sama Vritti ou' Respiração igual' no Oriente. É um exercício muito efetivo para aqueles tão estressados que não conseguem pegar no sono, e se assemelha muito a ideia de 'contar carneirinhos' . Para essa prática, siga esses passos.

1. Comece inspirando, contando até quatro, e depois expire, na mesma contagem de quatro. Você deve inspirar e expirar pelas narinas, criando uma certa resistência natural no movimento respiratório.
2. Quando estiver confortável com a contagem de quatro e praticado bastante, você pode estender o tempo para seis ou oito.

Se você está numa situação de estresse grande na qual está muito disperso, não conseguindo manter o foco, contar a respiração pode te ajudar .Ela pode também te acalmar durante uma situação de estresse agudo.

Controle da respiração em situações de estresse

O estresse pode acontecer em qualquer hora do dia e da noite, então vamos aprender uma sequência de exercícios de respiração que podem ser feitos de manhã , para você começar bem o dia, um exercício que pode ser feito no ambiente de trabalho, e outro para o período da noite, que vai ajudá-lo a relaxar .

Exercícios de respiração para a manhã

Assim que você acordar pela manhã e perceber que teve uma noite mal dormida ou que está com os músculos duros e doloridos, faça esse exercício para melhorar seu humor . Você também pode usar esse exercício durante o seu dia, se você sofre de dores nas costas .

1. Começe em pé, com seus braços do lado do corpo, e os pés levemente separados - essa pose é conhecida como a Pose da Montanha, na yoga .

2. Com os joelhos flexionados, mova a parte superior do corpo para frente .deixe os braços soltos tombarem na sua frente, e não force tentando encostar as mãos no chão se você não tem flexibilidade para tal.
3. Enquanto inspira e expira vagarosamente, levante o tronco e volte a posição inicial. Você deve levantar a cabeça e retornar a Posição da Montanha, mas faça a transição devagar, do contrário pode ficar tonto.
4. De volta a posição inicial, prenda a respiração contando até quatro ou cinco, e depois expire devagar.

Respiração com alternância de narinas

Esta práticaé também conhecida como Nadi Shodhana nos países do Oriente. A respiraçãoé a melhor companheira do praticante de yoga no que concerne equilíbrio e calma para a mente, logo esse exercício vai te ajudar a desacelerar ambos os lados de cérebro, o que vai permitir que você presencie criatividade e foco ao mesmo tempo.

1. Comece sentando em uma posição confortável em uma cadeira ou no chão. Alguns escolhem sentar-se na Posição de lótus, mas fica a seu critério.
2. Pressione o polegar direito sobre a narina direita, e inspire profundamente pela narina esquerda. Quando terminar a inspiração, pressione sua narina esquerda com o seu dedo anelar e expire pela narina direita dessa vez.
3. Continue esse movimento de inspirar pela narina direita e expirar pela esquerda até que se sinta calmo e relaxado.

O exercício é valido para sempre que você precisar sentir-se mais energizado, ou precisar de mais foco. Ele não deve ser praticado antes de dormir, porque vai fazer você se sentir mais desperto que antes.

Esvaziando a mente
Essa prática abaixo pode ser usada sempre que você precisar aliviar dores ou tensões, ou quando sentir que está com a mente sobrecarregada. Por isso aconselho que a

pratique antes de dormir, mas ela pode ser usada em qualquer situação onde você precisar se acalmar.

1. Comece relaxando os músculos do pescoço. Coloque o queixo o mais próximo do peito que conseguir, se conseguir encostá-lo, faça isso, e depois levante a cabeça para cima e continue movimentando-a para o lado direito. Inspire vagarosamente quando sua cabeça estiver subindo e seu queixo estiver apontando para cima. Se você tem artrite no pescoço ou qualquer outra doença na coluna vertebral, não force o queixo para cima.
2. Prenda a respiração por alguns segundos quando estiver nessa posição.
3. Quando mover a cabeça de volta a posição inicial , que é a do queixo encostando no peito, expire vagarosamente.
4. Repita o exercíciopara o lado esquerdo agora.

Pratique todos esses exercícios de respiração no seu dia a dia, escolhendo aqueles que funcionam melhor para cada situação. Assim que você pegar a prática de como respirar corretamente em momentos de estresse, passe para o próximo capitulo e aprenda como relaxar seus músculos.

Capítulo Três - Aliviando tensões musculares

Neste capítulo nós vamos falar sobre como aliviar tensões musculares. Temos dois exercícios que são similares em sua natureza, mas que com possuem diferenças sutis, porem importantes. Os dois podem ser praticados em casa, em situações de estresse ou quando você precisar se acalmar rapidamente. Eles devem ser praticados por vinte minutos por dia, todos os dias da semana. Desse modo você aprenderá a determinar quando seus músculos estão tensos e como relaxa-los quando precisar.

Relaxamento autógeno

Relaxamento autógeno costuma ser confundido com relaxamento progressivo, porque ambos possuem exercícios similares. Nesse, você vai relaxar seus músculos de maneira profunda, e com esse relaxamento muscular, a mente vai seguir o fluxo e você experimentará uma sensação de profundo descanso . É bem similar ao relaxamento progressivo, mas nesse método você vai tomar conhecimento da tensão e focar em pensamentos que levem ao relaxamento muscular .

Para essa prática, encontre um local silencioso. Enquanto você está sentado e buscando uma posição confortável, repita as frases abaixo que te ajudarão a relaxar . Faça isso por poucos minutos, todos os dias, no início. Aumente o tempo gradualmente , até que a pratica chegue a vinte minutos diários.

Esse exercício consiste em seis partes, e cada uma delas foca em uma determinada área do corpo e evoca uma sensação específica. A primeira área se relaciona com uma sensação de peso nos membros, a segunda uma sensação de calor, a terceira área afrequênciacardíaca, a quarta respiração, a quinta área em foco será o plexo solar e a sexta, sua testa .

Quando disser as frases abaixo,imagine passando pelo seu corpo calor, peso e relaxamento agradáveis. Permita que as sensações cheguem até você ao invés de provoca-las, como faria na prática de relaxamento muscular progressivo.

Siga esse roteiro :

1. Eu começo a me sentir quieto e relaxado nesse momento.
2. Meus quadris, joelhos, panturrilhas, tornozelos e pés estão pesados.
3. Minhas mãos estão pesadas.
4. Meus ombros, braços, pulsos e mãos estão pesados.
5. Meu pescoço, queixo, rosto e testa estão pesados.
6. Meus quadris, joelhos, panturrilhas, tornozelos e pés estão aquecidos.
7. Meu pescoço, queixo, rosto e testa estão aquecidos.

8. Meu pescoço, queixo, rosto e testa estão aquecidos
9. Meu coração está calmo e no ritmo normal .
10. Minha respiração está normal e calma .
11. Meu plexo solar está aquecido.
12. Minha testa está fria .
13. Meu corpo está confortável, relaxado e calmo.

Quando você se sentir calmoe relaxado, visualize aquilo que te faz relaxar. Pode ser ondas quebrando na praia, um riacho refrescante, ou um dia quente de primavera no parque.

Essa prática demanda certo tempo para se acostumar e domina-la . Pode levar algumas semanas até que você consiga atingir a sensação de peso e calor que te envolverão, mas os resultados vão fazer valer a pena.

Relaxamento muscular progressivo
A técnica de relaxamento progressivo é bem menos complicada que aquela anteriormente apresentada, e pode ser usada em diferentes locais e situações quando você pegar pratica. Nela, ao invésde simplesmente reagir às respostas que o corpo fornece, você vai forçar uma tensão muscular para poder criar uma sensação de relaxamento que se espalhará por todo o seu corpo. Quando você abandonar de forma consciente a tensão muscular, o seu corpo vai também deixar o modo de luta ou fuga e entrar em um estado de relaxamento.

Essa prática se baseia na ideia de que relaxamento corporal completo corresponde a ausência de tensões. Se você estiver totalmente relaxado, será impossível ficar tenso ou ansioso. Esse tipode relaxamento progressivo te ajudara a alcançar um estado de completo relaxamento mantendo o sistema nervoso simpático ativo, e, assim, acalmando sua tensão muscular crônica.

Existem quatro etapas nesta técnica. A primeira consiste em ficar consciente de toda a tensão que você carrega nos músculos. Você vai se concentrar em uma única área do corpo por vez, assim, poderá aprender a reconhecer quando essa área estiver tensionada. A segunda etapa consiste em tensionar esses músculos propositalmente. A terceira é livrar-se da tensão, e, a quarta etapa, estar atento ao momento que se sentir relaxado. Durante essa última etapa, você deve concentrar-se também uma única parte do corpo por vez, para poder reconhecer quando ela estiver relaxada.

A melhor posição para praticar este exercício é deitada, porque algumas pessoas costumam adormecer quando o estão praticando. Se adormecer for sua intenção, fique à vontade para praticar na sua cama. Contudo, se você pretende continuar acordado, porém mais relaxado, o melhor seria praticar por algumas semanas sentado em uma cadeira.

Em ambos os casos, siga essas instruções:

1. Fique confortável em uma cadeira, na cama ou deitado no chão.
2. Pratique exercícios de respiração profunda enquanto presta atenção ao seu corpo e as tensões dele. Não faça nada nesse momento além de respirar e monitorar como estão seus braços, mãos, pescoço, costas, ombros, abdômen, pernas e pés.
3. Agora concentre-se nos braços, nas mãos, e feche-as em punho, gentilmente. Levante os braços e tensione os músculos. Agora libere essa tensão, relaxe e sinta calor e formigamento correr por esses membros. Isso é puro relaxamento.
4. Repita a sequencia com outros grupos de músculos até que todo o seu corpo esteja aquecido e formigando. Permita-se repousar nessa posição por até dez minutos antes de voltar a sua rotina normal.

Essas duas técnicas de relaxamento devem ser praticadas todos os dias para ajudar você a reconhecer seus momentos de tensão, e, dessa maneira, liberar automaticamente essa tensão antes que se torne um problema. Lembre-se de usar a técnica de respiração profunda no relaxamento para oxigenar os músculos.

Às vezes, quando tentamos relaxar o corpo, a mente não coopera conosco, e você acaba por ficar remoendo algo que já aconteceu no passado, ou fica preocupado com um futuro que ainda não existe. No próximo capítulo, vamos trabalhar em como treinar a mente a focar no presente.

Capítulo Quatro - Focando no presenteChapter

Muitas pessoas têm dificuldades com meditação ou atenção plena porque não são capazes de concentrar-se no presente. Essa dificuldade pode se espalhar em outras áreas de sua vida e causar estresse, por isso vamos falar sobre algumas práticas que te ajudarão a manter o foco no presente com atenção plena, gerenciamento de emoções, meditação com estímulos sonoros e visuais e técnicas de visualização.

Se você é alguém que tem uma mente que passeia entre eventos passados e futuros constantemente, acredito que este capítulo é para você.

Meditação com mindfulness - atenção plena

Atenção plena pode ser feita em praticamente todos os momentos e atividades, o que faz dela uma maravilhosa ferramenta. É por isso que muitas pessoas tem usado a atenção plena como porta inicial na meditação.

Atenção plena não é exatamente meditação. É a prática de estar consciente, atento ao momento, dissociando-se de pensamentos e emoções que incitem estresse e especulações desnecessárias. Os exercícios de respiração discutidos no capítulo 2 podem ser usados como um método de atenção plena. Além de atenção plena na respiração, você pode pratica-la nas refeições, nos exercícios, nacaminhada ou e qualquer atividade que desejar. Vejamos o caso de alimentação consciente, por exemplo.

1. Pense nas suas comidas favoritas. Pode ser chocolate, uma bebida, um prato preferido. É melhor começar a prática

com uma porção pequena de comida ao invés de um prato principal, mas se você estiver buscando perder peso, a atenção plena nas refeições diminui significativamente a quantidade de comida que você ingere, e isso é um grande vantagem !

2. Confira se seu telefone, televisão e outros eletrônicos estão desligados pra esse momento - eles nos distraem e podem levar você a comer além da conta.
3. Agora pegue a porção de comida escolhida - nesse exemplo, vamos pensar no chocolate - e perceba qual a sensação dele na sua mão . Coloque o chocolate na sua palma e sinta o peso dele.
4. Leve o pedaço de chocolate próximo ao seu ouvido e passe seus dedos nele, percebendo os sons que dele emanam .
5. Agora, olhe ele bem de perto. Avalie a textura do chocolate, veja se tem imperfeições ou ranhuras naquele pedaço .Preste bastante atenção nesse pedaço de chocolate.

6. Leve-o próximo a nariz e sinta o aroma. Ele tem cheiro de chocolate puro, você sente outros ingredientes ali misturados, sente o cheiro da embalagem? Preste atenção a todos esses cheiros.
7. Por fim, coloque-o na boca . Não engula ou morda ainda ! Se o pedaço de chocolate for grande, quebre-o em um pedaços menores que consiga mastigar. Deixe sua língua sentir o sabor, e mova o pedaço na sua boca lentamente. Após sentir os sabores, morda, mastigue, mas não engula ainda. mastiguecompletamente e com calma, e só então engula . Perceba, sinta como ele desce pela garganta e alcança seu estomago .

Esse é um exemplo de alimentação consciente. Você pode fazer esse processo com qualquer outra atividade simplesmente desacelerando e tomando nota de todos os sentidos afetados.

Surfando nas suas emoções

Se você é alguém que costuma ter problemas em lidar com emoções em uma situação de estresse, aprender a surfar no mar das suas emoções pode ser uma boa para você. Essa técnica é para aqueles que quando se sentem tomados por emoções fortes, decidem por ignora-las ou resisti-las, causando um acúmulo tão grande que as emoções o afogam e causam um colapso. Toda vez que você resiste ao sentimento, você desliga não só as emoções negativas, mas também as positivas. Assim sendo, ao tentar controlar suas emoções, você acaba ampliando o seu alcance, o que provavelmente fará com que você sinta mais vontade de esconde-las.

É como tentar conter um balão de festa aniversario sobre o chão. Ele foi feito para voar, então você está indo contra a corrente natural das coisas . Mesmo que gaste bastante energia para segurar esse balão no chão, as chances são de que ele eventualmente vai estourar. As emoções são exatamente assim, escolhem as horas mais inoportunas para estourar.

De maneira simples : resistir às suas emoções vai ter causar mais dor no longo prazo . Para aprender a surfar quando a onda de emoções aparecer, siga esses passos.

1. Primeiramente, você precisa pensar na situação que está te incomodando - ela precisa receber toda a sua atenção. Pode ser uma briga com um colega de trabalho, com um cônjuge, parente, chefe ou até aquele cara que te cortou na rodovia quando você ia para o trabalho. Pode ser também algo triste, como a morte de um ente querido, de um animal de estimação, ou algo que você viu no noticiário e te deixou chateado.
2. Agora perceba as sensações que correm pelo seu corpo enquanto você pensa nesses eventos ou situações. Pode haver tensão no pescoço e ombros, uma queimação na garganta ou nos olhos, um calor tomando seu rosto .

3. Identifique as emoções que você associa com essas sensações físicas - pode ser raiva, desapontamento, tristeza, vergonha, preocupação.
4. Pode parecercontraprodutivo, mas mergulhe nessas emoções e veja se consegue expandi-las, amplia-las. Tente faze-las *maiores* do que já são.
5. Se você sentir certa resistência em amplia-las, perceba se há pensamentos escondidos, algo inconsciente que te impedede fazer isso. Se houver pensamentos assim, repita para si mesmo: "Eu percebo que estou tendo pensamentos contrários a esse sentimento , eu percebo que, no fundo, eu acredito que esses sentimentos nunca irão embora. Eu percebo que acredito ser incapaz de controlar tudo isso." Permita que essas sensações existam sem cair na armadilha que criam para você .
6. Tente novamente ampliar suas emoções. Permita-se senti-las.

Se você se permitir sentir essas emoções todas, você vai notar algumas coisas. Suas emoções se comportam como uma grande onda no oceano . Elas vem e vão como ondas de verdade , que formam uma crista e crescem no começo, e depois quebram, perdendo força, no fim, assim como você projetou na sua visualização. Pensando assim, você ficará mais no controle das suas emoções.

Quando estiver sentido as emoções crescerem, saiba que você é capaz de surfa-las, de domina-las ,até que elas percam a força e quebrem, como fazem as ondas do mar.

Meditação com foco em sons, imagens e visualizações.

Esses três tipos de meditação se encaixam na categoria de atenção plena,mas com focos distintos. Vamos olhar, primeiramente, sobre do que se trata a meditação com sons e imagens.

Meditação com natureza

Esse é o tipo de meditação que vem logo à cabeça quando falamos sobre técnicas de meditação com sons e imagens . É bem simples de ser implementada. Tudo que você precisa fazer é encontrar um lugar sossegado,próximo à natureza. Se você mora na cidade, procure por um parque ou um terraço onde você possa meditar me segurança. Se você não se sente confortável com essas alternativas, você pode comprar CDs ou trilhas sonoras com sons da natureza .

1. Ache uma posição confortável em pé ou sentado, e feche os olhos - se estiver fazendo uma meditação com

base em sons-, ou mantenha-os abertos, se estiver fazendo uma meditação visual.
2. Agora, encontre no ambiente um som e uma imagem na qual você possa se concentrar .Use o exercicio de respiração profunda enquanto se concentra, e é simples assim !

Meditação com visualização
Meditação com visualização deve ser é praticada quando você se encontrar em um lugar seguro onde pode ficar de olhos fechados, como sua casa, escritório ou até no ônibus. Para começar, você precisa escolher uma imagem, um local para visualizar. Pode ser uma praia, o seu lugar favorito para passar férias, ou uma grande floresta . Não importa qual, desde que esse lugar te traga sensações de relaxamento. Com um lugar assim em mente, você pode começar .
1. Esvazie a mente . Comece concentrando-se na sua respiração e use a técnica de respiração profunda.

2. Traga o lugar escolhido à mente e explore-o. Se você escolheu a praia, sinta a areia sob seus pés, ouça as ondas, sinta a maresia. Conforme sua visualização se aprimorar com o tempo, concentre-se mais nos detalhes, como o som do vento nas folhas das palmeiras, ou em uma estrela do mar que apareceu na praia.
3. Sinta cada inspiração, sinta o seu corpo expandir com potencial, e a cada inspiração, tenha pensamentos positivos.

Concentrar-se no presente, seja na realidade real ou nessa imaginaria, é o terceiro passo para encontrar paz e felicidade na sua prática de meditação. Essa mentalidade relaxada vai permitir que você mergulhe em meditações mais complexas com o tempo, como ameditação guiada, meditação taoísta e yoga, estilos que exploraremos nos próximos capítulos.

Capítulo Cinco – Técnicas de meditação guiada

Meditação guiada pode ser feita tanto com gravações de áudio ou de vídeo. O mais importante a se lembrar nesses tipo de meditação é ir devagar, e não vale a pena pagar caro por esse material gravado, porque existem meditações de boa qualidade por muito pouco . Além disso, um programa ou aplicativo com vários formatos pode ser mais útil para que você aprenda e domine a arte da meditação.

Meditação de afirmação

Esse tipo de meditação é bem simples, o mais difícil será decidir quais você vai usar ou como criar suas próprias afirmações. Primeiramente, vamos entender a anatomia de uma boa afirmação antes de falar sobre a meditação em si.

Uma afirmação é uma declaração sobre si próprio que você acredita ou que gostaria que fosse verdade. Já que estamos falando de estresse nesse livro, podemos começar com algumas afirmações ligadas a relaxamento. A afirmação deve ser sempre sobre você ou sobre situações no presente. Assim sendo, use expressões que comecem com ' Eu sou / Eu estou '. Não use ' Eu era/ eu quero' , porque elas se relacionam mais com passado e futuro, e não te servem no presente .

Afirmações devem ser positivas e não devem conter conotação negativa. Frases como ' Eu estou relaxado ' são excelentes, e afirmações 'Eu não estou estressado' são ruins. Essa segunda frase, por exemplo, sugere que você esteve estressado em algum momento ou que pode ficar assim no futuro, o que destrói o propósito do exercício.

Abaixo vemos algumas boas afirmações para utilizar:

- Eu estou relaxado.
- Eu sou livre e feliz
- Eu estou em paz comigo mesmo e com o mundo ao meu redor.

Agora vamos praticar a meditação com afirmações.

1. Encontre um lugar sossegado em que possa se concentrar por entre vinte a trinta 30 minutos . Desligue os eletrônicos e afaste todas as possíveis distrações.
2. Agora feche os olhos e concentre-se na sua respiração. Faça com que ela esteja regular, devagar e relaxada.
3. Comece repetindo a afirmação escolhida a cada inspiração, e expire na contagem de cinco.
4. Continue essa prática por vinte ou trinta minutos. Ele deve ser feita uma vez por dia, a cada dois ou três dias.

Meditação e ondas cerebrais

A medição das ondas cerebrais durante a meditação é algo bem recente . Cientistas começaram a estudar os padrões de ondas cerebrais durante a meditação para determinar se a prática era ou não uma enganação , e se havia algum benefício à saúde ligado a ela . Eles acabaram descobrindo bem mais que isso .

Graças a descobertas cientificas obtidas ao estudarem monges em estado meditativo, pesquisadores viram que aqueles que meditam podem ter suas ondas cerebrais expandidas, o que pode afetar de forma positiva diversas áreas de suas vidas..

As ondas cerebrais naturalmente variam durantes os váriosestágiosmeditativos ,e as mais comuns durante esse estágio são as ondas alfa . Essas ondas promovem mudanças no sistema nervoso autônomo, acalmando-o. Praticas regulares de meditação nessa frequência pode reverter os papeis dos sistemas nervosos simpático e parassimpático, tornando esse último menos dominante. Isso provoca redução da pressão sanguínea e reduz a quantidade dos hormônios ligados ao estresse no corpo .

Ondas cerebrais alfa estão em uma frequência entre nove e treze hertz. Em outras palavras, atividades relaxantes como yoga ou atenção plena vai trazer ondas alfa - quase todos os exercícios desse livro vão promover ondas cerebrais alfa .

Meditação de escaneamento corporal

Meditação com escaneamento corporal e comumente confundido com as técnicas discutidas no capítulo três - relaxando os músculos - porque ela se concentra em áreas do corpo associadas com relaxamento muscular progressivoe o relaxamento autógeno No entanto, o escaneamento muscular não trabalha tensionamento de músculos ou busca mudar o status da sua tensão. Com ele você simplesmente fica atento à tensão que está alojada nos músculos.

Para praticar o escaneamento corporal, comece com esses passos:

1. Encontre um lugar calmo em que você possa ficar em pé, sentar ou até deitar. Não importa como vai fazer, desde que possa ficar quieto. Dedique de trinta a quarenta minutos para essa meditação.

2. Feche os olhos e concentre-se, mas se não for capaz de fecha-los, você pode semicerra-los.

3. Traga sua atenção ao seu corpo com a prática da respiração profunda. Perceba como seu corpo está em contato direto com chão, com a terra sob seus pés. Se você estiver de pé, eles estão diretamente sob o chão, esteja você usando sapatos ou não. Se estiver sentado, perceba como você sua posição na cadeira e seus pontos de pressão. Se estiver deitado, note os pontos de pressão nas suas pernas, pés, costas, pescoço e cabeçalho. Investigue as diferentes áreas do seu corpo com esse exercício.
4. Quando estiver pronto, respire profundamente e leve sua atenção para uma área do corpo que te parece muito tensa - pode ser o pescoço, os ombros, a testa, as mãos, as pernas, os pés, ou até o abdômen. Não tente mudar as sensações ou tensões nessa parte do corpo, simplesmente mantenha sua atenção ali por quanto tempo desejar.
5. Em um certo momento, você vai notar sua atenção desviando, e isso é normal,

não fique chateado se acontecer. Simplesmente perceba que sua atenção desviou, e traga ela de volta para aquela área. Continue focado. Você precisara treinar para que possa dar a atenção necessária ao corpo , mas não force demais a barra.

6. Quando sua exploração pelo corpo terminar, passe alguns minutos expandido sua consciência para concentrar-se novamente no corpo como um todo.
7. Abra os olhos, e concentre-se novamente no momento presente.

Meditação guiada com imagem

Existem trêsprincípios importantes no que concerne meditação com imagens: conexão corpo-mente, o estado alterado de consciência, e o locus de controle.

Conexão corpo e mente

Quando feito da maneira correta, as imagens criadas na mente podem parecer tão reais quanto a realidade, e a mente nem sempre entende a diferente entre a imagem imaginada e a real .É por isso que algumas pessoas conseguem ficar muito imersas nos livros que estão lendo, e outras começam a salivar só de ler a receita dos pratos. A mente está criando imagens do livro e criando imagens da comida, engajando todos os sentidos : audição ,visão, tato, paladar e olfato . Todo esse tempo a mente começa a pensar que os eventos do livro ou a comida da receita é real, e reage como se assim fosse. Por isso uma pessoa lendo um livro de terror pode se assustar, e a pessoa lendo a receita saliva e prepara o estomago para o jantar.

A mente manda sinais para o corpo quando as imagens evocam uma memória sensorial ou uma fantasia ligada a um componente emocional. Por exemplo, uma imagem forte para você pode ser o aroma de lavanda no vestido favorito dasua mãe, ou a imagem da sua tia lhe dando uma barra de chocolate no seu aniversário. Essas imagens sensoriais são a única linguagem real do seu corpo.

Estados de consciência

No estado alterado de consciência da meditação guiada, você é capaz dealcançar crescimento, cura, performance, e aprendizado de forma mais intensa e profunda . Você é mais criativo e intuitivo para com o mundo ao seu redor. Nesse poderoso estado mental, sua atividade cerebral e a bioquímica do seu corpo vão mudar. Sua cognição e seu humor também vãomudar .

Alcançando esse estado alterado de consciência quando estiver estressado vai te ajudar a relaxar . Você flutua por entre esses estados durante todo o dia você pode estar em um deles quando erra a rua em que deveria ter dobrado, ou quando esquece de adoçar seu café. Sua mente estava concentrada e focada em uma única coisa, e isso não é sempre ruim, pelo contrário!

Quando você alcança esse estado alterado de forma consciente, você acha uma grande fonte de energia e força .

Locus de controle

O terceiro princípio é o mais importante para aqueles que se sentem estressados com coisas que estão além do seu controle. Você pode sentir que não está no controle das coisas que acontecem no escritório, ou você sente que sua vida familiar está escorregando por entre seus dedos. Esse terceiro estado, o locus de controle, é o que dá a você o senso de direção, que pode ser terapêutico para aqueles que se sentem sem direção ou controle. Ele faz você se sentir melhor e agir melhor, o que ajuda no relaxamento, em deixar o estresse para trás.

Sentir-se no controle vai ajudar com sua autoconfiança, sua olhar sobre a vida, e vai ajudá-lo a tolerar os gatilhos do estresse.

Formas de imaginação guiada
Existem oito estilos principais de imaginação guiada, e vamos explorar todos eles nesta seção.

1. **Sentimental :** Essa é bem simples, e vai mexer com seu humor. Com esse tipo de imaginação guiada, você vai pensar no seu lugar favorito, ou vai lembrar de um período feliz na sua vida.
2. **Estrategica :** a imaginação é usada para que se alcance um determinado objetivo ou proposito. Então você pode se imaginar livre do câncer, conseguindo a promoção no trabalho que deseja, conseguindo o número de telefone de alguém que gosta, por exemplo.
3. **Energetica:** Vem da medicina Ayurvedica e usa a imagem de que há energia abundante e livre correndo por

entre nós, promovendo boa saúde. Doenças são energias presas ou energias que não pertencem ao fluxo natural , e pode ser imaginadas como um som, pontos que se movem, uma sensação de movimento que percorre o corpo.
4. **celular** : essa imaginação guiada tem foco na interação saudável das células, e requer que o participante tenha conhecimento técnico, então não serve para todos. Pessoas com diabetes, por exemplo, poderiam imaginar a insulina se prendendo às células, de modo que possam usar a glicose do modo correto.
5. **Fisiologico** : concentra-se no processo curativo do corpo de modo mais amplo, como por exemplo, no alargamento de artérias para os que possuem problemas coronários, ou imaginando tumores encolhendo . Este tipo também requer conhecimento do funcionamento do corpo para compreender as necessidades curativas de cada um .

6. **metafórica:** imaginação metafórica trabalha com símbolos ao invés da realidade concreta, como, por exemplo, usar a imagem de uma flor desabrochando como metáfora para expansão criativa.
7. **Psicológica :** esse tipo é especialmente direcionado para lidar com problemas psicológicos, promovendo uma correção na resposta emocional da pessoal envolvida. Poderia consistir, por exemplo, em imaginar-se cercado por amigos e entes queridos de modo a interromper sentimentos de desespero e isolamento, ou imaginar-se em uma situação feliz nos momentos de estresse
8. **Espiritual:** imagens guiadas desse tipo trazem sentimentos transcendentais de harmonia e paz. Pode envolver perceber presença de guias espirituais, anjos ou outros seres.

Imaginação guiada na meditação é comumente praticada com auxílio de um recurso de áudio em sessõespresenciais, e é muito boa para os a que desejam aprender a meditar apropriadamente.

Meditação e auto hipnose

Aut0 hipnose e hipnose são praticas interessantes, entretanto bem diferentes - auto hipnose é um estilo de meditação que usa uma sugestão, e essa ajuda no alcance de um estado de consciência mais profundo . Pode ser muito útil se você está em um estado grave de estresse.

Para praticar a auto hipnose na meditação, primeiramente você deve fazer uma gravação com sua voz, ou conseguir uma gravação de alguémjá experiente nessa forma de meditação. Se você escolher fazer sua própria gravação, então pule para o passo número dois do guia abaixo.

1. Para ser hipnotizado, por você mesmo ou por outra pessoa, você precisa estar em um profundo estado de relaxamento. Assim sendo, você deve usar técnicas de respiração profunda, e concentrar- se nesse tipo de exercício até que sinta o corpo relaxando.
2. Vamos então experimentar essa meditação. Imagine-se aos pés de um lance de escadas. Você vai subir as

escadas até alcançar uma sala no topo de uma construção, que pode ser uma casa, um prédio de apartamentos ou um prédio comercial. Conte de um até sete, e,conforme conta, sinta-se subindo as escadas. Você está deixando o subconsciente e entrando no seu coração, no momento presente. Não há nada além do presente nesse momento.

3. Um, dois, três....não há nada além de uma sala branca com janelas sem vidro por todos os lados. Quatro, cinco, seis.... vocêestáexpandindo , como se fosse puxado para todos os lados. Seis, sete....você sente que existem infinitas possibilidades e tempo incessante . Por todos os lados você sente amor eterno, infinito.

4. Sente-se na sala e absorva toda a paz que o lugar oferece. Sinta como ela se derrama sobre você.

5. Você está pleno, completo, conectado com tudo e todos .

6. Se você perceber sua consciência desviando, comece a contagem

novamente do ponto que achar que deve.

7. Conte e perceba que você sente o amor crescer a cada número. Comece relembrando as experiências de amor mais importantes e então se entregue a experiência, e comece a transmitir amor para amigos e outras pessoas da sua vida. Oito, nove, dez, onze, doze...você ainda está nessa aura do amor.

8. Dez, onze, doze, treze, catorze...conte várias vezes e irradie amor. Treze, catorze, quinze... abra seu amor a sua família, seus animais de estimação, seu jardim, sua casa, seu carro, para a natureza e para os desconhecidos. Sinta o poder do amor nesse momento

9. Quando estiver pronto, você pode começar a relaxar e pensar sobre suas experiências meditativas com a auto hipnose. Você pode começar a ver números flutuando no ar enquanto vai deixando esse estado de conexão profundo. Dez, nove, oito, sete, seis, cinco, quatro, três, dois, um, relaxe,

abra os olhos. Sua meditação chegou ao fim.

Existem diversas aulas por aí para quem se interessar em aprender mais sobre meditação guiada. Tenha cuidado em achar um instrutor com boa reputação, e bons vídeos para esse estudo. No próximo capítulo, vamos trabalhar a meditação Taoísta.

Capítulo Seis- A sabedoria por trás da Meditação Taoísta

Meditação Taoísta se assemelha bastante à Budista, contudo existem diferenças sutis. Vamos começar com estilo que muitos acreditam ser fácil, mas, na verdade, é bem difícil. Se você tem problemas com a Meditação no Vazio, fique à vontade e passe para a próximatécnica. Talvez seja mais fácil começar com as seguintes, mas esta pratica é o proposito maior de toda a meditação taoista.

Meditação no Vazio

O objetivo da meditação no Vazio é esvaziar a mente de todos os pensamentos enquanto ainda consciente . Isso significa que você não terá percepção do que acontece ao seu redor ou com o seu corpo, mas você continuará consciente, presente.

A técnica é bem simples:

1. Sente-se em um lugar confortável, mas não deite-se.
2. Feche os olhos e mantenha a coluna ereta- você não vai querer ficar curvado e causar dores no pescoço e nas costas.
3. Agora, não pense.

Essa técnica e extremamente simples, como disse, mas a execução não é . Você vai ter pensamentos. Quando aparecerem, diga a si mesmo que está tudo bem, e permita que eles vão embora. O segredo é não se prender aos pensamentos que surgirem . Há uma analogia indiana bem famosa que diz que a mente é como um macaco. Ela está em constante atividade, havendo ou não proposito para tal, dificultando a concentração. Essa forma de meditação é como se você desse um sedativo ao macaco. Você não quer calar todos os pensamentos de modo forçoso, mas também você não quer ficar apegado, atrelado a eles.

Você deve fazer essa meditação por cerca de dez a quinzeminutos todos os dias .Pode não parecer muito tempo, mas quando estiver praticando, vai parecer uma eternidade. Ela vai, entretando , trazer mais benefícios nesse curto espaço do que praticando por duas ou três horas toda semana .

É uma meditação excelente para aqueles sofrendo de estresse. Qualquer forma de meditação é uma poderosa ferramenta contra o estresse físico e emocional, e essa, em particular, favorece o relaxamento geral. Com a diminuição do stress, vai haver um decréscimo nas doençasfísicas e psicológicas.

Meditação de quietude profunda

Se você se pega sendo facilmente desviada do seu centro mental ou emocioal, você deve ser alguém que tem dificuldade em ajustar-se aos altos e baixos da vida . Esta técnica vai ajudar você a manter o centro durante eventos estressantes. Assim, se você sair da linha, você vai conseguir voltar ao ponto desejado.

1. Sente-se em uma almofada que seja alta e firme o suficiente para sustentar suas costas ou sente-se numa cadeira e coloque os pés firmes no chão. É importante que sua coluna fique ereta, mas não dura demais. Não fique corcunda.

2. Agora, mexa o corpo e sacuda os braços e permita que toda a energia não processada se aquiete no seu corpo . Expire rapidamente e esvazie completamente ospulmões . Respire profundamente trêsvezes, e então feche os olhos (ou desfoque a visão). Relaxe os ombros, e comece a respirar profundamente edevagar, usando o

abdômen. Ponha sua língua no céu da boca e relaxe seu rosto, sorrindo. Você vai se sentir relaxado.

3. Coloque sua atenção na parte inferior do abdômen. Permita-se sentir cada respiração, ou o que os taoístas costumam chamar de chi, passar pelo seu abdômen e sair do seu corpo bem devagar. Sinta-se encher com um chi limpo, curativo e expire todo o chi que for impuro, sujo e velho. Você não precisa fazer nenhum esforço, tensão, ou força. Não tenha nenhum propósito em mende com esse movimento. Permita-se ser dominado pela sua respiração, permita-se cair nas profundezas de si mesmo.

4. Você poderá ter um importante discernimento, ou ter uma grande ideia nesse período, então é uma boa ter papel e caneta perto de você nesses momentos de prática de quietude. Anote o que precisar, mas depois disso retorne ao exercício.

5. Quando você sentir que pronto ou quando sua paz interior começar a se

dissipar, junte suas palmas na frene do corpo e esfregue-as junto por trinta e seis vezes , rapidamente .Depois coloque-as sobre seus olhos, inspire o calor que sai das suas palmas, e esfregue as mãos no rosto por três vezes.

6. Quando terminar, sente-se por um momento com as palmas das mãos sobre a parte inferior do abdômen, abaixo do umbigo. Permita que o calor das mãos entre nessa área e ajude a restabelecer seu estoque de chi curativo.

Meditação para maior consciência intuitiva

Essa forma de meditação é usada para estocar energia vital e ajudar na circulação desta pelo corpo. Muito do que é utilizado hoje na Medicina chinesa e na prática conhecida como Chi Gong já tinham sido mapeados pelos taoistas. Começe a meditação seguindo esses passos :

1. Imagine-se como um pequeno sapo, sentado em paz e silencio em uma vitória régia. A planta está flutuando gentilmente na superfície de um lago. É um dia claro e quente, e os sons do mundo externo são altos ao seu redor. Há aviões passando no ar, carros nas estradas, adultos discutindo, crianças brincando por perto.

2. Ao ouvir essa cacofonia por certo tempo, você decide voltar para a água, e se deixa afundar até o fundo do lago .

3. Você vai afundando cada vez mais, sem esforço, nessa água quente e escura.

Você passa pelos peixes e as tartarugas que nadam ali, e passa também pelas plantas, que esbarram nas suas perninhas de sapo, até que finalmente você afunda mais e encontra o fundo do lago.

4. No início, sua presença agita, sacode o lodo e os sedimentos do fundo do lago. Você não enxerga muito bem, e os sons externos estão mudos aqui. Você senta lá, ouvindo as batidas do seu pequenino coração. A correria do mundo lá em cima está agora bem longe e não consegue te perturbar mais . Você sente a corrente de água dançar ao seu redor .

5. Vagarosamente, os sedimentos e o lodo vão se ajeitando novamente no fundo e a agua começa a ficar mais limpa ao seu redor. Você consegue ver tudo claramente. A água é quente e relaxante .Você está sentado ali, bem quieto, envelopado em um lago quente e aconchegante . Você respira profundamente e devagar, puxando essa água curativa para seu abdômen,

usando as técnicas de respiração que aprendeu . Sua respiração fica cada vez mais devagar ,até que você se torna a sua respiração, e o ritmo da respiração toma conta de você. Sua frequênciacardíaca diminui e se alinha a sua respiração, que por sua vez alinha-se ao ritmo da natureza ao seu redor.

6. Todos os problemas mundanos são deixados de lado quando você é tomado por esse mundo de infinitas possibilidades onde você, como individuo, não é mais importante. Aquele ego ao qual você se agarrou durante toda a vidase retrai, dando espaço para a formação de uma maior conexão com o Universo.Opequeno lago em que você se encontra se expande para se tornar um grande mar de Vida.

7. Você está lá ,suspenso no momento, eternamente presente em um momento inesgotável de sabedoria e clareza .

8. Depois de um certo tempo, você solta uma bolha de chi na agua e começa a sua ascensão de volta ao mundo.
9. Você flutua por entre as camadas de água, entre as plantas, as tartarugas e os peixes, e de volta a sua vitória-régia. Você está renovado e reenergizado, pronto para começar de novo.

A meditação Taoista fundamental

Muita gente descobre que quando fecham os olhos, conseguem bloquear o mundo externo, mas isso pode ser perigoso . Você pode se desconectar da sua vida, ou somente cair no sono . As técnicas de meditação aqui explanadas não se tratam de cair em transe ou cair no sono. Na verdade, são uma grande colaboração entre o nosso consciente e o subconsciente. Se você fecha os olhos e tem a tendência de cair logo no sono ou desligar-se do presente, você deve tentar então manter os olhos semicerrados enquanto aprende a meditar .

1. Comece sentando em uma posição confortável em uma cadeira ou no chão.Relaxe completamente, desde o topo da cabeça e vá relaxando até a ponta dos pés
2. Respire devagar pelo nariz e deixe a ponta da língua descansar no céu da boca. Enquanto respira, foque a respiração em uma bola de luz ou energia curativa. Permita que isso

preencha e vá fundo todo o seu corpo e pela mente , alcançando as áreas escuras e doloridas de ambos .
3. Quando você expirar, deixe sair toda a doença, dor e estresse do seu corpo sob a forma de uma fumaça escura ou uma névoa .
4. Observe na sua mente essa névoa se dissipando no ar, bemlonge de você .
5. Mantenha essa meditação respirando profundamente e bem devagar. Continue permitindo que seu corpo se encha com luz curativa e relaxante e que toda doença, dor e estresse se dissipe no ar. Pratique por vinte minutos ou mais, se você precisar.
6. Quando terminar, esfregue as mãos uma na outra trinta e seis vezes . Quando estiverem quentes, esfregue-as no rosto rapidamente por três vezes consecutivas.Abra os olhos e retorne a sua rotina novamente.

Muito próximas as essastécnicas de meditação taoista estão as da Yoga, que serão apresentadas no próximo capítulo.

Capítulo Sete - Técnicas de meditação com Yoga

Para aquele que reagem ao estresse com respostas de fuga ou congelamento, as técnicas a seguir podem te ajudar a aquietar a mente a fim de que você consiga praticar as técnicas ensinadas em outros capítulos. Se você é uma pessoa com pouca flexibilidade, não se preocupe, há exercícios aqui que você conseguira praticar. Lembre-se de alongar gentilmente o corpo e de respirar fundo antes de começar quaisquer dessas técnicas de meditação.

Meditação dos chakras

Os chakras são os centros de energia do corpo. Embora existam centenas desses chakras, sete deles são bem conhecidos e mais acessados pelos praticantes iniciantes. Contudo, é preferível que se comece a meditação com chakras dando igual atenção a todos eles, porque atenção indevida a um deles pode causar um desequilíbrio corporal, o que pode ser maléfico. Comece com esta meditação, e somente depois busque práticas que use um chacra por vez.

1. A meditação dos chakras para iniciantes começa com você sentando em um local confortável e com a coluna ereta. Então, concentre-se em todo o seu corpo, começando com seus pés e seguindo até o topo da cabeça. Enquanto faz isso, faça com que aquela parte do corpo relaxe, permita que a tensão se dissipe. Isso pode demorar algunsminutos, então não tenha pressa.

2. Agora, concentre-se na sua respiração. Não force, mas deixe-as se aprofundarem. Sua mente vai desviar o foco durante esse processo, mas busque gentilmente concentrar-se na respiração, nos movimentos de inspiração e expiração. Visualize o oxigênio entrando em seus pulmões e percorrendo sua corrente sanguínea. Visualize-o nutrindo seus músculos, células e órgãos, e também a remoção das toxinas, expelidas a cada respiração.
3. Agora, visualize seu coração batendo e o perfeito funcionamento do seu corpo. Veja como todasas áreas estão trabalhando em harmonia para mantê-lo vivo, como sua respiração sustenta todas essas áreas como um todo. Fique atento a sua respiração e como ela dá vida ao seu corpo.
4. Agora, imagine que, junto com sua respiração, você inala uma energia vital. Veja essa energia na cor laranja ou amarelo, como a luz solar. Perceba como ela abraça todo o seu corpo e

alimenta sua aura. Ao tornar-se parte da sua aura, imagine que esta cresça e fique mais brilhante, recarregada com essa energia solar. Faça esse passo bem devagar, permitindo sua aura a se expandir e brilhar, permitindo que essa energia se espalhe pelo corpo a cada respiração.

5. O próximo passo na meditação com chakras é energizar os chakras individuais. Comece com o chakra básico, localizado na base da coluna. Imagine que há uma espiral de energia que flui no sentido horário, e a cada respiração você alimenta essa espiral, torando-a mais forte e brilhante. Agora visualize uma segunda fonte de energia que vem da Terra .Essa energia alimenta sua vida, e também alimenta seu chakra básico.

6. Passe agora para o chakra umbilical, localizado logo acima do básico, na região do abdômen. Siga para o chakra do plexo solar, depois o cardíaco, o laríngeo, o frontal e o coronário. Infuse todos com essa mesma energia. Não se

apresse nem se preocupe com passar mais tempo em um chakra que em outros,comece sempre de baixo para cima, e nunca pule um chakra . Cada um é capaz de influenciar outros, energizar um chakra na parte superior sem ter feito isso nos inferiores pode causar um efeito ruim.

7. O último passo é visualizar todos os seus chakras sendo alimentados por essa energia que vem da Terra e é inalada a cada respiração. Lembre-se de visualizar sua aura e seus chakras brilhando e sendo recarregados com essa energia.

8. Por fim, abra os olhos e relaxe por alguns minutos com os olhos abertos . Preste atenção a sensação energizante e incrível que domina seu corpo. Tente praticar de quinze minutos a meia hora todos os dias.

Meditação trataka - fixação ocular

Essa meditação de fixação ocular chamada Trataka consiste em fixar os olhos em um objeto físico ou um símbolo qualquer. Normalmente, velas são usadas na fixação, e o praticante concentra-se nela com os olhos abertos. Quando conseguirem a máxima concentração com os olhos abertos, os praticantes então visualizarão esse mesmo objeto com os olhos fechados, afim de maximizar a concentração mental. O objetivo é manter a imagem da vela na mente

Vejamos um exemplo.

1. Encontre um lugar calmo em que você possa ficar em pé, sentar ou até deitar. Assegure-se de que a área é segura para acender um avela, ou se não puder usar uma, escolha um objeto no qual possa focar. Velas são objetos mais fáceis porque ela deixa uma imagem, uma sombra depois que você fecha os olhos .
2. Agora, acenda a vela e concentre-se nela enquanto vai esvaziando a mente.

Permita que os pensamentos passem por você, não se agarre a eles, deixe que flutuem, sem julga-los. Pratique seus exercícios de respiração durante o processo. Quando estiver calmo e relaxado em um período menor que cinco minutos, feche os olhos.

3. Concentre-se na sombra do objeto que vê com pálpebras fechadas . Tente manter a imagem do objeto pelo máximo que puder. Quando começar a perder a nitidez, abra os olhos e comece novamente.

4. Tente praticar por até 15 minutos todos os dias. Isso vai ajudar você a aprender a concentrar-se propriamente, esvaziar a mente e ficar-se nas sensações de leveza e vazio.

Meditação Kundalini

Meditação Kundalini é uma prática que usa a energia do chakra básico para promover paz e felicidade. Ela pode ser praticada durante os exercícios de yoga, e é útil para aqueles com reação de paralisia frente ao estresse.Também temos uma técnica de meditação no fim dessa seção que não involve se contorcer inteiro.

Levantamentos alternados de perna

1. Deite-se com as costas no chão e faça exercícios de respiração por alguns minutos.
2. Inspire devagar, contraia o abdômen e levante sua perna em um angulo de 90 graus, com seus dedos apontando para o teto.
3. Expire devagar e solte o abdômen, baixando a perna. Se precisar de apoio na coluna, ponha as mãos embaixo do quadril.
4. Alterne entre a perna direita e a esquerda por cerca de três minutos.

Esses movimentos vão ativar a energia na região do umbigo.

Cross Crawl - exercícios para corpo e mente

1. Deite-se no chão e deixe suas pernas esticadas, com os braços ao seu lado .
2. Inspire e dobre o joelho esquerdo em direção ao peito, enquanto levanta o braço direito para cima. Expire e estique a perna dobrada, depois leve a perna e o braço a posição inicial, no chão.
3. Alterne os lados, e não deixe de respirar profundamente por três minutos. Esse movimento vai promover mais força ao terceiro chakra.

Variações da posição "Cão olhando para baixo"

1. Comece na posição do Cão olhando para baixo, com seus polegares se encostando.
2. Seus pés devem estar alinhados como s quadris.

3. Contrais os músculos e levante os quadris para cima e para trás, tirando seu peso dos ombros.
4. Pratique exercícios de respiração profunda por três minutos. Essa pose vai permitir que a energia flua para o cérebro.

Posição da cobra
1. Comece deitando de barriga para baixo. Coloque as mãos embaixo do corpo, espalmadas, e coloque seu peso na parte inferior, da pélvis ao topo dos pés.
2. Suas pernas devem estar contraídas e firmes. Tente alcançar a seu cóccix com os calcanhares.
3. Inspire e levante o peito do chão, mantendo os cotovelos dobrados no movimento. Você deve sentir seu peito aberto, e seus ombros relaxados.
4. Mantenha a pose por dois minutos, respire fundo e puxe energia da sua coluna.

Posição do Arco

1. Deite-se de barriga para baixo e deixe os braços ao lado do corpo. Dobre as pernas na direção dos glúteos e use as mãos para tentar alcançar seus tornozelos ou seus pés, o que for mais confortável para você.
2. Inspire, coloque mais força no movimento, tirando as coxas e seu peito do chão. Mantenha o pescoço esticado e fique na posição por dois minutos. Expire e desfaça a pose .
3. O exercício vai usar a energia das costas e melhora sua digestão.

Meditação Kirtan Kriya

1. Sente-se em um local confortável e com a coluna ereta, no chão ou em uma cadeira. Descanse as palmas das mãos nos joelhos .Você pode unir o polegar ao indicador, ou deixar os dedos relaxados
2. Inspire profundamente e entoe o mantra a seguir: sa-ta-na-ma.

3. Quando disser 'sa,' junte o dedo indicador ao seu polegar, se ainda não estiver fazendo isso . Quando disser 'ta,' junte o dedo médio ao polegar. Quando disser 'na,'junte o anelar ao indicador. Quando disser 'ma,' junte o dedo mindinho ao polegar . Continue o exercício e não esqueça de quando juntar os dedos uns nos outros ,pressionar as pontas até que fiquem um pouco brancas .
4. Entoe o mantra em voz alta por dois minutos, imaginando que o som sai do topo da sua cabeça e sai pelo seu terceiro olho, em um formado de 'L' . Depois mantenha o mantra, sussurrandopor cerca de dois minutos. Agora, entoe internamente por dois minutos. Depois sussurre novamente por mais dois minutos. Termine a pratica entoando em voz alta por dois minutos. O exercício como um todo deve durar doze minutos.
5. Para encerrar essa meditação, respire profundamente e alongue os braçosacima da cabeça. Expire e

coloque as mãos em posição de oração na altura do peito. Diga "Sat nam," que significa *Eu sou a Verdade* . Quando meditar assim, você estará alcançando o seu eu mais profundo.

Meditação de autoquestionamento
1. Para começar essa prática, sente-se normalmente na sua posição mais usada para meditar. Se vocênão possui uma posição de preferência ainda, simplesmente sente-se e deixe sua mente se aquietar. Nunca tente manipular seu foco ou a experiência como um todo, somente relaxe e fique concentrado.
2. Depois de dez ou quinze minutos, pergunte-se "Quem sou eu ?". Jogue essa pergunta na calmaria da sua consciência como se jogasse uma pedra em um lago calmo. Permite que a pergunta cause ondas na sua pratica como se um lago fosse, mas não se fixe em responder à pergunta.
3. Quando esse lago interno estiver calmo e sem ondas novamente, jogue outra

pedra com a mesma pergunta e veja o que acontece. Deixe de lado qualquer resposta mais conceitual do tipo " Sou filho de Deus," ou algo do tipo . Ainda que isso seja verdade para você em algum nível de consciência, esta não vai satisfazer sua fome pela verdadeira resposta.

4. Para que esse exercício funcione, você precisa reconhecer que o 'EU' é algo muito mais profundo que seu corpo e sua mente apenas.

5. Permita que suas perguntas sejam livres de tensão, ansiedade, de esforço. Você não vai encontrar a resposta nos arquivos da sua mente, você vai precisar olhar profundamente para dentro da sua experiência presente a fim de descobrir a resposta.

6. Eventualmente, a resposta será revelada, mas não na forma de pensamento ou experiência, mas na forma de uma presença atemporal que vai se misturar a você e fará parte de suas experiências futuras.

Nada Yoga

Nada yoga é yoga com som, o que significa que você vai poder experimentar música nessa pratica. Se você gosta de ouvir música para relaxar e acalmar os nervos, essa yoga será perfeita para você! Para começar, escolhamúsicas bonitas e relaxantes que te ajudem a manter-se calma, sem estresse. Existem muitas possibilidades de escolha para tal, e você deve se basear em gostos pessoais, no entanto, muita gente prefere músicaclássicaou som de flautas para praticar.

Contudo, atente-se para que o fato de que a músicaclássica pode elicitar emoções diversas em diferentes pessoas. É preferívelescolher musical do que música cantada, porque normalmente é fonte de distrações.

1. Comece sentando-se em local sossegado e concentrando-se completamente na música escolhida de dez a quinze minutos, uma ou dias vezes ao dia. Faca regularmente, e

sempre ouça o mesmo tipo de música pratica. Dedique concentração total a sua música durante todo o tempo.
2. Gradualmente você vai começar a ouvir sons distintos vindos de dentro de você ou sons sutis vindos de fora. Conforme você percebe esses sons, de sua atenção total a eles, assim como fez com a música.
3. Conforme você praticar mais, você pode ir baixando o volume da música de forma gradual, e prestando mais atenção em ouvir os sons de dentro de você. Vai chegar um ponto em que você nãoprecisara mais dessa meditação, mas você poderá continuar usando a música se assim desejar.

Pranayama - respiração consciente

Existem mais de cinquenta pranayamas diferentes, então se você descobrir que alguma dessas técnicas abaixo funciona para você, mergulhe fundo nessa mistura de yoga com meditação. Acompanhe abaixo uma versão simples dessa prática.

1. Foque sua atenção no seu corpo físico. Seu corpo está sempre no tempo presente, então quando você se concentra nele, sua mente vai se aquietar. Comece sentando confortavelmente no chão ou em uma cadeira e feche os olhos.

2. Relaxe os ombros e descanse as palmas das mãos nos joelhos. Respire profundamente algumas vezes e deixe seu corpo relaxar a cada vez que expirar. Comece trazendo sua atenção para o interior do seu corpo, começando pelos dedos dos pés. Sinta uma onda de relaxamento subindo por suas pernas, alcançando seus quadris.

3. Concentre-se nos seus dedos da mão e faça o mesmo, imaginando a onda de

relaxamento passando por seus braços e ombros. Deixe o abdômen relaxar e sinta sua respiração movendo-se na barriga e peito. Relaxe os músculos do pescoço, costas e cabeça.
4. Deixe a tensão da mandíbula e dos músculos faciais ir embora. Observe seu corpo e leve a onda de relaxamento as partes que precisarem. Continue com o exercício por cinco ou dez minutos, e depois siga o seu dia.

Aumente a expiração
Se você estiver em uma reunião chata ou se você estiver tentando não dormir enquanto assiste a uma peça no teatro, então comece a prestar atenção na sua respiração e permita que seu corpo relaxe.
1. Concentre-se, traga seu foco para a sua respiração, observe qual sensação ela traz. Sua respiração está profunda e regular, ou está rasa, em tiros curtos? Comece a puxar o ar mais profundamente, inspire e expire totalmente.

2. Conte até quatro quando inspirar, e até seis quando expirar, e faça a expiração se ser mais comprida que a inspiração. Depois de algum tempo, esse exercício vai acalmar o corpo e promover a ativação do sistema nervoso parassimpático, que é o sistema responsável por diminuir a frequência cardíaca e deixar o corpo descansar.
3. Continue contando os movimentos de inspiração e expiração por cinco ou dez minutos antes de voltar ao seu ritmo respiratóriousual .

Respiração triangular
Respiração triangular pode acalmar sua mente e equilibrar seu corpo. Se você estiver em uma situação difícil onde sua raiva fuja do controle, esta é uma boa pratica para você .Você pode usar essa técnica em qualquer lugar.
1. Para começar, inspire e expire completamente por uma vez. Na próxima, conte o tempo que leva a sua inspiração. Enquanto respira, use esse mesmo tempo para equilibrar

inspiração, pausa, e expiração. Se você leva cinco segundos para inspirar, na próxima puxada de ar inspire por cinco segundos, segure a respiração por cinco e expire também por cinco segundos.
2. Desenhe este triangulo com sua respiração por algumas vezes. Se você estiver confortável com o exercício, você pode aumentar o tamanho do triangulo, acrescentando um segundo por vez. Se perceber que está ficando sem ar, volte a contagem anterior.
3. Concentre-se na prática detrês a cinco minutos ou mais, se sentir necessidade. Volte ao seu momento comum de respiração comum por algumas vezes antes de encerrar o exercício.

Mude a sensação de estresse
Da próxima vez que você estiver estressado ou desconfortável por estar ocupado demais, pare e tente identificar onde esse estresse fica localizado em seu corpo. Você sente o estresse na cabeça, na garganta, na barriga ou no peito?

1. Feche os olhos e traga sua atenção para a área identificada. Ele tem uma cor, um movimento, uma forma? O estresse é quente ou frio? Ele tem um cheiro estranho?
2. Você pode mudar essas variáveis uma de cada vez. Mude a forma do seu estresse para uma forma que te agrade. Tente mudar o movimento que ela causa, mude a cor ou a localização daquela sensação. Assim que você identificar o estresse como uma entidade separada de você, você poderá livrar-se dele.

Respiração da abelha
1. Sente-se em um local confortável e com a coluna ereta. Escolha um local calmo, bem ventilado e mantenha os olhos fechados. Mantenha um sorriso leve no rosto enquanto prática.
2. Ponha seus dedos indicadores nos ouvidos, melhor dizendo. Ponha-os na cartilagem que existe entre a bochecha e sua orelha.

3. Respire profundamente, e quando expirar, pressione essa cartilagem. Você pode manter pressionado, ou fazer um movimento de pressionar e soltar enquanto você faz o zumbido da abelha com sua boca.
4. Faça um zumbido alto, o que atrai resultados melhores, mas se preferir, faça o zumbido em voz baixa.

Kapal Bhati
1. Sente-se em um local confortável, com a coluna ereta, . Coloque as mãos nos joelhos, com as palmas apontando para o céu.
2. Inspire profundamente.
3. Quando expirar, contraia o abdômen. Empurre seu umbigo na direção da sua espinha empurre o máximo que se sentir confortável, sem se machucar Você pode manter sua mão direita no estomago para que sinta os músculos contraindo. Empurre o umbigo.
4. Quando relaxar o abdômen e o umbigo, sua respiração vai entrar pelos pulmões automaticamente.

5. Respire assim por vinte vezes para completar um ciclo desse exercício.
6. Depois de um ciclo, relaxe, e mantenha os olhos fechados.Observe as sensações que percorrem seu corpo .
7. Faca dois ciclos completos para melhores resultados.

Meditação do terceiro olho

Essa meditação é uma excelente forma de abrir o chakra do terceiro olho, e vai ajudar na redução do estresse e no controle das emoções. Entretanto, saiba que algumas pessoas tem experiências negativas quando tentam abrir esse chakra, então pratique com cautela e sem pressa.

Comece com essa meditação de limpeza e redução de estresse .

1. Primeiramente, respire fundo e solte o ar.
2. Inspire profundamente e expire bem devagar.Faça isso algumas vezes e concentre-se totalmente na sua respiração.
3. Agora, tire um momento para relaxar o corpo. Comece com os dedos dos pés e vá subindo até chegar ao topo da cabeça.Você pode usar umadas técnicas de relaxamento do capítulo três. Não tenha pressa, você tem todo o tempo do mundo. Tenha certeza de

que esteja completamente relaxado antes de passar para a próxima etapa.
4. Agora que você está relaxado, concentre-se no ponto localizado entre as sobrancelhas, um pouco acima da linha dos olhos. Este é o local do terceiro olho.
5. Imagine que ali existe uma janela, que é dourada e tem forma triangular. Imagine que essa janela começa a abrir, e a ficar maior.
6. Assim que a janela estiver aberta, imagine-se entrando por ela, e passeie pela sua mente.
7. Traga sua atenção para todos os pensamentos, emoções, problemas e experiências que estiverem flutuando na sua mente. Todos esses são fáceis de achar porque estão iluminados.
8. Olhe para a sua direita e imagine um interruptor de luz ali. Acenda a luz. .
9. Quando a luz aparecer, você verá que ela é tão forte que vai inundar sua mente. A luz é tão brilhante que escapa pela janela dourada, e leva embora todos os traumas, negatividade,

preocupações, tristezas e raiva para sempre.

10. Quando você sentir que a limpeza está completa você pode fechar a janela e voltar ao seu corpo. Vá até o interruptor e desligue a luz, saia pela janela e feche-a gentilmente. Note que depois de fechada a janela vai ficando cada vez mais pequena, até que desaparece. Quando você voltar à realidade, esfregue as mãos uma na outra e coloque-as sobre os olhos. Agora abra os olhos.

Meditação para aumentar percepção

Você precisa primeiro ter completado a pratica anterior antes de tentar essa meditação. Ao invés de abrir os olhos depois de voltar ao seu corpo, siga com os passos abaixo :.

1. Imagine que a janela do terceiro olho está brilhando cada vez mais com luz dourada. É tão brilhante que ela toma conta de você, e te circunda completamente.

2. Sua mente está livre de pensamentos e contemplações. Fique nesse momento pelo tempo que precisar para se sentir relaxado.
3. Agora, pergunta a uma Força Divina qualquer pergunta que quer fazer para reflexão ou consideração. Você pode perguntar quem é você, qual o significado da vida, ou qualquer pergunta que seja importante para você.
4. Você pode pedir que a resposta seja dada durante a sessão de meditação, ou que seja respondida no curso do dia. Como pode ser uma resposta que demore um tempo para ser respondida, é melhor que se escolha que a resposta seja dada no tempo certo de ouvi-la.
5. Antes de abrir os olhos, mova lentamente os dedos das mãos e dos pés. Então, esfregue as mãos uma na outra, imagine-se saindo pela janela, feche-as, e coloque as mãos sobre os olhos no momento que os abre.

Há muitas técnicas aqui para você conhecer e praticar, mas nem todo mundo vai gostar de todas, ou das mesmas. Ainda que seja bom conhecer essas diferentes técnicas, muitos vão se questionar sobre como incorpora-las na rotina diária. O próximo capítulo vai responder essa dúvida.

Capítulo Oito - Incorporando a meditação na sua rotina

Meditar é um excelente exercício para se aprender, mas às vezes é difícil descobrir como incorporar as práticas sua rotina, especialmente se você é alguém que já está estressado pelo excesso de atividades e falta de tempo para as tarefas diárias.

O conselho mais importante que você deve tirar deste livro é continuar respirando, acima de tudo. Isso significa praticar os exercícios de respiração profunda, ainda que isso custe perder parte da sua hora de almoço para faze-los. Continue aprimorando esses exercícios sempre que puder. Pratique-os quando estiver indo para mais uma reunião, ou tire uns minutos no banheiro e faça os exercícios. Ninguém precisa saber o que você está fazendo . Respiração correta é a melhor ferramenta para provocar uma resposta de relaxamento na mente e no corpo. A respiração com alternância de narinas é uma das melhores para quando você estiver se sentindo bastante estressado.

Leia mais

Outra maneira de manter a meditação sempre fresca na memória é ler um pouco sobre o tema. A leitura pode ounão te levar a praticar novamente, mas ajuda a manter a mente concentrada. Se você sentir que anda muito distraído para sentar em atenção plena por quinze minutos, então tire alguns minutos para ler algo relacionado as práticasde meditação que você quer alcançar. Existem ótimos livros sobre meditação disponíveis, incluindo este, que podem ajudar você a fazer uma reflexão sobre sua vida e até despertar uma paixão maior pela meditação .

Meditação em movimento

Para aqueles com mentes muito inquietas, exercícios podem ser a melhor forma para ajudar você a se concentrar e relaxar. Se você gosta de praticar tai chi, continue praticando. Se gostar de yoga, incorpore nela alguns exercícios desse livro. Enquanto você se movimenta. Concentre-se na sua respiração e observe o ambiente ao seu redor. Sinta seu corpo respondendo ao modo como você se movimenta. Essas são maneiras de praticar atenção plena em movimento, o que ajudar na redução do estresse.

Características da atenção plena

Ainda que você tenha dificuldades em sentar e concentrar-se, isso não significa que você nãotem jeito, ou que não pode fazer meditação ou praticar atenção plena. Você pode, e vai conseguir cultivar características típicas da atenção plena .Tenhaintenção clara, proposito e exercite a compaixão sempre que possível. Esteja certo de ser gentil e amável consigo mesmo e também com outras pessoas. Seja generoso consigo e com outros.

Caminhe de forma consciente

Você não precisa fazer grandes mudanças para ter mais atenção ou para meditar .Meditação andando é uma técnica muito benéfica para aqueles que curtem natureza e gostam de caminhar, fazer trilhas. Se você sentir que precisa gastar energia quando está estressado, tente a pratica de meditação andando, ou da caminhada consciente. É simples - dê uma caminhada e fique atento a cada vez que seus pés tocarem o chão. Algumas pessoas preferem fazer descalças e caminhar na grama, e assim se sentem mais conectados. Tenha certeza que esteja andando em uma área segura para tal prática!

Os efeitos calmantes da água

Se você realmente não tem nenhum tempo livre para praticar nada, tente usar a atenção plena durante o banho. Se você consegue ter paz e relaxar no chuveiro, ou se você se sente mais criativo ou pensa melhor nele, então ligue o chuveiro na agua morna e respire profundamente. Observe seu corpo embaixo do jato d'àgua. Sinta as gotas percorrendo seu corpo. Adicione algumas gotas de óleo essencial para estimular ou equilibrar seus chakras.

Realize suas tarefas com propósito

Mantenha seu foco nas atividades rotineiras, comocozinhar ou lavar a louça. Afinal de contas, o propósito de buscar a atenção plena é trazer essahabilidade para o seu dia a dia.Quando estiver lavando a louça, sinta a agua e o sabão nas suas mãos . Quando cortar vegetais, sinta a textura de cada um deles.

Atenção plena no transporte

Se estiver no carro, no metro ou até no aeroporto, você pode usar vários métodos para trazer claridade enquanto viaja. Concentre-se no presente por meio de exercícios de respiração, como o da respiração com alternância de narinas. Você pode praticar visualizações e meditação guiada no transporte público. Se você está sempre na correria, você precisa alterar sua rotina de meditação para que ela se adeque a sua situação, e não o contrário .

Desacelere
Se quiser, você pode mudar sua rotina. Se estiver resolvendo coisas na rua ou limpando a casa, mude os hábitos. Ande de bicicleta ou faça caminhadas ao invés de dirigir e correr. Abra um espaço no seu dia acordando quinze minutos mais cedo, ou então desligando o computador mais cedo. Tente praticar um ritual de reflexão em horários diferentes no seu dia, e eles te motivarão.

Mude sua rotina

Se for possível, você deve agendar na rotina sessões de meditação. Podem ser feitas pela manhã se você for uma pessoa matutina, que está alerta logo cedo. Se você é um a pessoa que só começa a ficar mais alerta ou estressado à tarde, talvez deva tentar uma sessão de meditação preventiva no horário do almoço. Se você só se dá conta do estresse do dia quando chega em casa, então tente agendar sua meditação para antes de dormir, para que possa acordar renovado no dia seguinte.

Existem várias maneiras de adicionar práticas de meditação na sua rotina. Não tenha medo de ser criativo com elas!

Conclusão

Lembre-se que você deve adaptar a pratica de meditação de acordo com sua resposta ao estresse. Se você tende a ficar esquentado e quer brigar quando estressado, você precisa praticar as técnicas ensinadas nos Capítulos dois, três e cinco. Essas sãoas melhores técnicas para pessoas como você. Se você tende a correr da situação quando estressado, você deve praticar as técnicas ensinadas nos Capítulos quatro, seis e sete. Se você congela em situações de estresse, então você deve seguir as mesmas recomendações para aqueles que correm, ou seja, Capítulos quatro, seis e sete também.

Meditação, atenção plena e yoga são excelentes ferramentas para vencer a ansiedade, o medo e o estresse. Estresse crônicopode causarsérios problemas de saúde, como doenças cardiovasculares, diabetes,e desequilíbrioshormonais.Você pode evitar tudo isso praticando as técnicas ensinadas neste livro.

Contudo, um aviso importante para você. Ainda que a meditação tenha muitos benefícios e deve ser praticada sempre que você se sentir confortável, o excesso de meditação pode levar a complicações mentais. Você pode acabar se afastando do momento presente, ao invés de concentrar-se nele. Uma boa medida é praticar meditação por não mais que uma hora por dia. Esse tempo deve ser suficiente para equilibrar sues níveis de cortisol.

Se necessitar de um exercíciorápido de relaxamento em uma situação de grande estresse, sinta-se à vontade para combinar exercícios de respiração profunda e de relaxamento muscular progressivo para que possa se acalmar rapidamente.

Espero que tenha achado as informações deste livro úteis para sua vida. Se sim, por favor, avalie o livro na plataforma na qual fez a compra dele. Muito obrigada !

www.ingramcontent.com/pod-product-compliance
Lightning Source LLC
Chambersburg PA
CBHW060358080526
44583CB00012B/377